NIETZSCHE L'ACTUEL

Suivi de

NIETZSCHE ET L'EUROPE

Julien Rochedy

NIETZSCHE L'ACTUEL (2019)
NIETZSCHE ET L'EUROPE (2010)

www.rochedy.com

NIETZSCHE L'ACTUEL

Introduction à la philosophie nietzschéenne

Julien Rochedy

« Notre époque est une période d'excitation, et c'est précisément pourquoi ce n'est pas une époque de passion ; elle s'échauffe constamment parce qu'elle sent qu'elle est froide – *au fond*, elle gèle. »

« Vivre – cela signifie pour nous : changer constamment en lumière et en flamme tout ce que nous sommes. »

Friedrich Nietzsche

Prologue

« Et si la plupart de nos valeurs, celles que l'on nous apprend depuis notre plus jeune âge, celles qui nous font obligatoirement adorer la tolérance, l'amour, la gentillesse, l'ouverture, la démocratie, les êtres humains, les faibles, les opprimés, la non-violence, l'égalité, et le progrès – que l'on associe toujours à la vérité et au bonheur – et si, finalement, toutes ces valeurs n'étaient en réalité que des valeurs de décadence, issues du nihilisme le plus terrifiant, du mensonge le plus venimeux et de la haine la plus pernicieuse ? »

Un brin provocateur, c'est ainsi que je commençai une conférence de plus de 3 heures sur la vie et la philosophie de Friedrich Nietzsche au mois de septembre 2019. Par elle, j'achevais enfin ce que je m'étais promis de faire depuis des années, à savoir synthétiser et populariser une philosophie que je crois absolument fondamentale pour comprendre notre époque. Or, si Nietzsche se considérait comme de la dynamite, encore faut-il que des petites mains un tantinet terroristes se proposent de l'allumer. Ma conférence eut un indéniable succès, à la fois d'audience et critique[1] ; elle permit à plusieurs dizaines de milliers de personnes de découvrir l'auteur de *Ainsi*

---

[1] Publiée sur la plateforme Youtube, elle a déjà été déjà vue près de 200 000 fois et continue d'être visionnée.

parlait Zarathoustra et de réfléchir avec lui, et elle fit discuter nombre de ceux qui, l'ayant lu, purent comparer leur lecture à la mienne, notamment dans ce qu'elle a, je crois, de plus originale : sa constante mise en perspective avec la société actuelle et ses habitudes postmodernes. Mes adversaires eux-mêmes n'eurent pas grand-chose à redire, eux qui pourtant m'attendaient au tournant, guettant l'interprétation malencontreuse, l'érudition bancale ou l'herméneutique intéressée ; s'ils leur fallait me contester, il fallait qu'ils contestent Nietzsche lui-même, tant je ne faisais que regarder par ses yeux les phénomènes sociaux et idéologiques alentours, et notamment le triomphe du dernier homme, décadent et nihiliste, que les progressistes ont érigé comme la fierté indépassable du genre humain.

En travaillant cette conférence puis en écrivant ce livre, j'ai souhaité proposer une véritable introduction à la philosophie nietzschéenne, accessible mais fidèle, tout en insistant sur ce qui, chez elle, nous permet de mieux comprendre le monde actuel et de nous développer personnellement. Nietzsche a toujours été pour moi un maître ; mais non un maître de purs savoirs abstraits : un véritable tuteur de vie, *un éducateur* dont l'actualité est toujours aussi explosive.

Je vais donc d'abord commencer par vous raconter comment je l'ai découvert.

À l'âge de quatorze ans, je traversais une grosse crise d'adolescence à l'instar de nombreux jeunes garçons au collège. Ma « crise » était assez violente, assez en tous cas pour que l'on me jette dehors de mon établissement scolaire à la fin de l'année de quatrième. J'étais dans un collège catholique de province en Ardèche, assez conservateur pour l'époque et assez bourgeois, bien que cela ne correspondait pas vraiment à mon propre statut social, mes parents étant divorcés et ne venant absolument pas d'un milieu aisé. De façon assez compréhensible pour un *inadéquat*, je devins particulièrement rebelle à l'autorité et à la bien-pensance qui m'entourait. Je pris en horreur l'Église, la bonne société, leurs règles, leurs valeurs et toute l'hypocrisie qui semblait les nourrir.

C'est dans ces conditions qu'à l'été 2002, à quatorze ans, miné par une immense colère, je tombai un peu par hasard, dans une librairie de Charente maritime, sur un petit livre d'un auteur au nom imprononçable qui attira mon attention. Celui-ci semblait traiter de la Morale, laquelle m'était alors odieuse. Ce petit livre, c'était *Généalogie de la Morale*, et je me rappelle avoir lu avec une excitation extrême la première dissertation – la seule, soit-dit en passant, que je pus comprendre à cet âge. Je me rappelle très bien avoir eu jusqu'à des accès de rire frénétique et triomphant à la lecture de sa terrible conclusion. À partir de ce moment-là, j'étais définitivement passé dans une autre dimension : je ne pouvais désormais plus voir le monde de la même façon, et, aussi grandiloquent que cela puisse paraître, l'un des événements les plus importants de ma vie venait de se produire.

Depuis, j'ai continué à cheminer intellectuellement, j'ai évidemment cherché à remettre en question mon nietzschéisme originel afin de ne surtout pas être « l'homme d'un seul livre » contre lequel Thomas d'Aquin nous met en garde. J'y suis parvenu quelque fois, mais je dois reconnaître revenir régulièrement et constamment à mon maître, ne lui ayant jamais vraiment trouvé de contradicteurs honnêtes et pertinents, et constatant surtout que l'expérience, la vie et les découvertes scientifiques ne cessent de valider à la fois ses intuitions et ses présages. C'est pourquoi je suis absolument convaincu que la philosophie nietzschéenne est d'une importance capitale à l'heure actuelle. Je crois qu'on ne peut réellement saisir ce qui se passe de nos jours dans la civilisation occidentale postmoderne sans Nietzsche et sa façon incomparable de percer à jour ce qui se cache derrière la morale et ses injonctions, ou derrière les menteurs qui affichent ostensiblement leur grand cœur d'une main pour mieux vous poignarder de l'autre, ou pour comprendre les ressorts du nihilisme tout puissant qui mène désormais notre civilisation vers une ruine qui semble parfois inéluctable.

Nous vivons aujourd'hui l'apogée – ou plutôt l'acmé – de ce que Nietzsche avait vu et prévu en Europe. Le monde de la bien-pensance, de sa moraline et de son faux humanisme larmoyant ; le monde de la victimisation et de ses escrocs ; le monde des postféministes et des *Social Justice Warriors* ; celui des minorités agressives qui veulent prendre le pouvoir ; ou celui, en face, des Européens postmodernes à la toute petite vie, domestiqués, médiocres au possible, faisant tout pour disparaître et cherchant à transformer tout ce qui est grand et sain en un troupeau de brebis égalitaire et malade : ce monde là, celui que nous vivons, a été prévu, autopsié, décrit par Friedrich Nietzsche au XIXème siècle.

Nous autres, nous avons une chance en ce monde : Nietzsche nous a donné toutes les clefs pour le comprendre, nous en préserver et le combattre. Si nous le laissons aller, il nous mènera à une catastrophe absolue.

Connaître la philosophie nietzschéenne de nos jours, c'est regarder en face la société que nous vivons, ne plus se payer de mots et ne plus se faire abuser par ses mensonges. C'est aussi regarder en face *nos propres mensonges*, ceux que l'on peut se servir à soi-même par paresse, faiblesse ou maladie. Le nihilisme, qui manigance partout, passe autant par nos cœurs que par la société qui nous entoure. Être nietzschéen, c'est avoir le courage de regarder ce dragon lépreux dans les yeux.

Dans cette introduction à la philosophie nietzschéenne, je donnerai quelques éléments biographiques du philosophe, juste assez pour situer le personnage et connaître les grandes lignes de sa vie. À travers celle-ci, nous pourrons déjà nous familiariser avec quelques unes de ses grandes idées et comprendre le cheminement de ses livres, puis nous nous attarderons sur ce qui compte le plus dans sa philosophie pour saisir notre époque avant de conclure sur les pistes que Nietzsche nous donne pour vivre en tenant le nihilisme en respect.

J'ai l'espoir que ce petit livre pourra avoir dans la vie de ceux qui ne connaissent pas Nietzsche la même incidence que celle qu'eut sa découverte dans la mienne ; ou qu'elle donnera, à ceux qui le connaissent déjà, l'envie de le relire et de confronter, non leur interprétation, mais leur *utilisation* de Nietzsche, à la mienne ici présente, dont le but principal est la compréhension des mécanismes psychologiques postmodernes qui sous-tendent notre société. Avouons-le aussi : Nietzsche, non content de nous aider à comprendre cette dernière, est sans doute le meilleur pour nous aider à la subvertir.

I

Né dans l'esprit de la musique

Friedrich Nietzsche naît le 15 octobre 1844 en Allemagne à Röcken, à côté de Leipzig. Il naît en ce grand XIXème siècle allemand, celui qui est considéré comme le siècle d'or de la philosophie germanique puisqu'il dévoile au monde une quantité impressionnante de penseurs cruciaux tels Hegel, Fitche, Schopenhauer, Schelling ou Marx.

Il naît dans une famille profondément chrétienne : son père est pasteur protestant, ainsi que ses deux grands pères. Son nom, *Nietzsche*, a, comme on peut l'entendre, une origine polonaise prononcée. Il s'en rappellera d'ailleurs avec fierté lorsque, plus tard, il commencera à critiquer sévèrement les Allemands.

Puisque « l'enfant est le père de l'homme », comme l'écrit le poète anglais William Wordsworth, il y a dans la toute jeune partie de la vie de Nietzsche deux éléments particulièrement importants à connaitre.

La première est qu'il est un étudiant helléniste absolument brillant, au point qu'on lui propose quelque chose de tout à fait rarissime : être titulaire d'une chaire magistrale à l'université de Bâle à 25 ans, avant même d'avoir soutenu sa thèse de doctorat, ce qui est absolument inouï.

À l'âge où tout le monde est encore étudiant, lui est déjà professeur. Pour justifier cette dérogation, son illustre maître et professeur Friedrich Wilhelm Ritschl, dit simplement de lui « qu'il a du génie ».

La leçon d'ouverture que donne Nietzsche à Bâle s'intitule : « La personnalité d'Homère », le poète à qui l'on doit l'*Iliade*, et sans doute dans une moindre mesure l'*Odyssée*, c'est-à-dire les textes historico-mythologiques de la haute antiquité grecque aux origines de la civilisation européenne.

Ce premier cours suscite beaucoup d'enthousiasme parmi le public universitaire bâlois. Déjà perce Nietzsche sous le jeune Friedrich, car avec un enseignement sur la personnalité du poète, et non directement sur son œuvre (s'interroger davantage sur le *qui* plutôt que sur le *quoi*), il trahit ses dilections de psychologues qui se manifesteront ultérieurement avec brio.

La deuxième chose à noter dans la première partie de sa vie, moins connue mais pourtant révélatrice, c'est qu'il est un jeune homme vigoureux et fort ; il réalise un service militaire dans lequel il est très apprécié : c'est un bon et solide camarade très loin de l'image du solitaire maladif qui sera la sienne plus tard. Malheureusement, il est victime d'une grave chute à cheval qui le laisse au lit pendant cinq mois, et il frôle très sérieusement la mort pendant sa convalescence car il a la poitrine transpercée.

Durant la guerre franco-prussienne de 1870 qui oppose l'Empereur Napoléon III et le chancelier Bismarck, Nietzsche, tel le bon patriote qu'il est alors, cherche à s'engager dans l'armée allemande pour participer aux combats. Toutefois, l'université suisse dans laquelle il est professeur l'en empêche car la Suisse est un pays neutre. Il n'obtient donc le droit que de s'engager dans une unité non-combattante. En vieillissant, il regrettera sa fièvre juvénile de nationaliste allemand, non par pacifisme, mais par désir de voir naître une Europe unifiée[1].

Après la guerre, Nietzsche redevient professeur à l'université de Bâle. La ville d'Erasme est à l'époque un haut lieu de la culture européenne, classique et humaniste. Nietzsche commence donc tout naturellement à frayer avec la bonne société bâloise et son élite intellectuelle, et c'est parmi elle qu'il fait une rencontre extraordinaire et décisive avec Richard Wagner, le célèbre et génial compositeur allemand qui réside souvent à Lucerne, tout près de Bâle.

Les discussions entre Nietzsche et Wagner, deux des plus grands génies que le monde ait comptés, ne nous sont hélas pas restées, mais nous les devinons sans peine extraordinaires. Le jeune Nietzsche est alors subjugué par Wagner, lequel est déjà, à cette époque, vénéré par une cour de fidèles qui lui vouent un véritable culte. Wagner lui même attend qu'on ait la *foi* en lui-même et en son œuvre, comme un culte religieux dédié tout entier à la création artistique. D'ailleurs, c'est ce qu'il assumera sans ambages devant un admirateur français, Edouard Schuré : il lui dira qu'il tient à être vénéré car il est un artiste créateur, et que rien ne peut être au dessus de l'artiste créateur. Parce que Wagner correspond à l'idée que se fait Nietzsche de l'art, il est même prêt à abandonner sa

---

[1] Inutile de préciser que l'Europe unie à laquelle Nietzsche aspirait n'aurait que très peu ressemblée à la grotesque et impuissante Union Européenne. Voir *Nietzsche et l'Europe*, le mémoire à la suite de ce livre.

chaire à l'université pour se consacrer à une tournée de propagande – une tournée commerciale comme on dirait aujourd'hui – à travers l'Allemagne, et dans toute l'Europe, pour faire encore mieux connaître l'auteur de Tristan et même lever des fonds pour lui.

Et c'est dans ces conditions qu'arrive le premier livre de Nietzsche, dédié au génie wagnérien : *Naissance de la tragédie, née de l'esprit de la musique*, en 1872.

II

Naissance de la tragédie

Pour bien comprendre la fascination des fidèles pour Wagner, et plus particulièrement celle qu'éprouve Nietzsche, il faut parvenir à se replacer dans leur siècle et à épouser des conceptions qui paraitraient pour le moins pittoresques aujourd'hui.

Dans ce XIXème siècle allemand, beaucoup attendent une renaissance hellénique, un retour à la pureté antique, à la beauté et à l'absolu grec ; en philosophie d'abord, mais aussi et surtout dans l'art. À l'instar de la Renaissance, l'Antiquité est vénérée, perçue comme une sorte de paradis perdu. Il s'agit d'un moment quasi parfait de l'existence humaine : Hegel parle ainsi du moment grec comme du « moment vrai de l'Esprit » et en fait une référence absolue.

Parce que les contemporains de Wagner partagent ces conceptions, ses sectateurs voient, à travers les opéras grandioses de leur maître, une possibilité réelle du retour à l'antique. Nietzsche, qui est un helléniste (c'est-à-dire un spécialiste du monde grec), attend de Wagner qu'il réalise l'alliance entre le génie allemand et les sources grecques. C'est d'un tel alliage, croit-il alors, que pourrait naître une nouvelle Renaissance[1].

C'est travaillé par de telles idées que Nietzsche se décide à écrire son premier livre. *Naissance de la tragédie* développe une thèse qui étonne beaucoup le monde universitaire. La question qu'il se pose est de savoir d'où les Grecs tirèrent-ils leur art, et tout particulièrement leurs tragédies. À l'époque, c'est un sujet plutôt sensationnel. Jusqu'à Nietzsche, on pensait, avec le grand historien de l'art grec Johan Winckelmann, que la beauté incomparable des œuvres d'art de l'Antiquité reflétait des âmes faites d'harmonie, de sérénité et de pure majesté.

Pour utiliser une comparaison imaginaire et populaire, c'est à l'image des Elfes de l'univers fantastique de Tolkien qu'on se figure alors les Grecs, c'est-à-dire calmes, raffinés, pleins d'une noblesse extatique et baignant dans une béatitude hiératique. Les Grecs auraient été à l'image de leurs statues, imposantes et pures, et d'un blanc immaculé[2].

---

[1] Aujourd'hui, il est certainement assez étonnant de voir des Européens, pas si éloignés de nous que cela dans le temps, avoir de telles passions. L'Antiquité ne représente plus grand-chose à l'heure actuelle ; le latin et le grec ne sont presque plus enseignés et on ne connait plus leur histoire. Pour autant, les Grecs et les Romains restent la source inépuisable dans laquelle doit se retremper la civilisation européenne pour renaitre et briller. Comme l'écrit Jacqueline de Romilly, tous les amoureux de la beauté, de la vie et de l'homme doivent un jour s'intéresser à l'Hellade et à ses émules latins.

[2] Nous savons aujourd'hui que les statues grecques, puis romaines, étaient chamarrées, colorées de vives couleurs, ce que ne savaient pas Winckelmann et ses contemporains.

Ce style épuré et noble de l'art grec, dont on pense qu'il exprime une même façon de vivre, c'est ce que Nietzsche appelle l'*Apollonien*, du nom du Dieu Apollon qui vient du nord, celui de la lumière éthérée et de la beauté majestueuse.

Or, Nietzsche s'attaque précisément au préjugé selon lequel l'Apollonien serait précisément à l'origine des maestrias artistiques des Hellènes ; il montre au contraire que c'est plutôt d'une nature *dionysiaque* que les Grecs tirent leur inspiration, du nom du dieu Dionysos, celui des passions, du vin et des excès,

« Elle n'est pas tombée du ciel, écrit le jeune Nietzsche à son condisciple Erwin Rohde, cette beauté sereine et harmonieuse des Grecs. Il a fallu des convulsions formidables, des luttes gigantesques, pour la faire émerger peu à peu des ténèbres d'une préhistoire féroce et inhumaine. Homère a été le vainqueur qui apparait au terme de cette longue période de désespoir : voilà une de mes convictions les plus solidement ancrées. » Et il conclue : « Combien ce peuple a du souffrir pour devenir si artiste ! »

Cette thèse est révolutionnaire chez les hellénistes, car elle porte en elle des marques de subversion. Ce n'est pas d'une civilisation tempérée, disciplinée et béate d'optimisme que nous vient la création, mais bien au contraire de natures tourmentées, obscures et sensuelles. La sagesse elle-même se découvre à l'ombre d'un pessimisme fort et de vies mouvementées.

L'Histoire des Grecs confirme parfaitement ce que Nietzsche écrit dans *Ainsi parlait Zarathoustra* : « Insouciants, railleurs, violent : ainsi nous veut la sagesse ». Les Grecs (et en particulier les Athéniens, les meilleurs d'entre eux) sont de parfaits sacripants dans le monde méditerranéen. Ce sont des pirates, des guerriers, des marchands sans foi ni loi. Vis-à-vis de nos conceptions morales héritées du christianisme et de l'humanisme, la société héroïque telle que nous la chante Homère, puis la Grèce classique, semblent être jalonnées d'actes, de principes et d'idiosyncrasies plus immoraux les uns que les autres. L'Histoire, les mythes et les légendes nous révèlent des Grecs belliqueux au possible, souvent cruels, menteurs s'ils le peuvent, orgueilleux, hédonistes et corruptibles à souhait.

Ce qui frappe, à vrai dire, ce n'est pas tant la présence fréquente de ce que l'on conçoit aujourd'hui comme des vices et des folies – car quelle époque pourrait se prévaloir de n'en connaître point ? – mais plutôt le fait que, généralement, ces mêmes vices et folies n'entachent jamais vraiment le prestige de leurs auteurs, voire même le rehaussent. Trouve-t-on chez les Grecs un seul héros, ou grand personnage, qui serait digne d'incarner la Vertu – et mieux encore : la *sainteté* – dans toute son éclatante étendue ? L'esprit belliqueux d'Achille, le brave thessalien aux pieds légers, se distingue par les excès de sa colère et de son orgueil : rendu fou furieux par la mort tragique de son cousin Patrocle, il va jusqu'à sacrifier des êtres humains. Tout aussi célèbres que les irrésistibles raptus d'Achille, les mensonges d'Ulysse sont dignes d'une réprobation générale : s'étant emparé, avec Diomède, d'une sentinelle troyenne, il promet à cet homme la vie sauve contre échange d'informations ; les obtenant, il le tue sans scrupule. À l'exemple d'Ulysse, les mensonges et la trahison sont monnaie courante dans l'Histoire de la Grèce classique : à Athènes, par exemple, c'est la surprise générale lorsqu'apparait un personnage intègre comme Aristide. De même, dans un traité d'éducation, Xénophon n'hésite pas à conseiller ouvertement le mensonge et le larcin en présence d'un ennemi de son pays, ce qui signifie presque, en vérité, *en présence de n'importe quel étranger*. Ulysse se vante de ses pillages comme celui d'Ismaros ; Thucydide explique que le brigandage était la principale source de revenu des premiers hellènes, et que nulle défaveur ne s'attachait à cette profession ; Thésée aime Ariane par intérêt, puis l'abandonne quand elle ne le sert plus. Les sages et les philosophes eux-mêmes ne sont pas vertueux : Sophocle convole avec la courtisane Théoris, Platon avec Archeanassa, Epicure avec Danaé, et même le frustre Diogène ne peut résister à Laïs, la plus belle des hétaïres.

C'est la raison pour laquelle les Grecs sont perçus comme « des grands enfants » par les prêtres égyptiens, car ils sont, précisément, « insouciants, railleurs et violents », ainsi que pessimistes. Toutefois, c'est de cette force et de cette vie tourbillonnantes que les Grecs tirent leur génie et leur goût pour la beauté, et sûrement pas de la modération, du calme, d'aménité et de lutte contre les extrémismes.

Nietzsche s'en prend ainsi à une confusion qui a été faite pendant des siècles à propos des Grecs. Les historiens, les philosophes et les observateurs ont souvent pris ce que les Hellènes écrivaient sur leur temple pour l'expression de leur nature. Parce que, sur le temple de Delphes, le plus important de la civilisation hellénique, on peut lire à côté du fameux *Connais-toi toi même* (qu'on attribue souvent à tort à Socrate), *Meden Agan*[1], c'est-à-dire un appel à la modération, ou que nous pouvons régulièrement lire dans les textes grecs des mises en garde contre *l'Hubris* pour nous faire craindre les *furies* faites pour tourmenter les excessifs, beaucoup conclurent que les Grecs étaient des sages. Or, le grand historien américain Will Durant se moque de ces interprétations un peu rapides : si les Grecs se prescrivaient partout la tempérance, c'est précisément parce qu'ils en manquaient cruellement.

« Il faut porter encore en soi un chaos pour pouvoir mettre au monde une étoile dansante » écrit Nietzsche dans Zarathoustra, appuyant ainsi la thèse de *Naissance de la Tragédie*. Ce chaos bouillonnant des Grecs est la source de leur génie créatif, et c'est ainsi que le jeune Nietzsche conçoit aussi le génie wagnérien. Les tragédies pleines de vie, de tribulations et de grandiose, qui composent notamment les opéras du cycle de *L'anneau des Nibelung,* semblent pour lui tout droit sorties des mêmes entrailles psychologiques que les œuvres grecque. Plus tard cependant, Nietzsche change et commence à estimer que la musique wagnérienne n'est, finalement, pas celle qui correspond le mieux à l'esprit grec tant recherché : la musique italienne et française (à l'image de *Carmen* de Georges Bizet), beaucoup plus légère et folâtre, finit pour lui par s'avérer bien plus proche de l'idéal de vie hellénique ; bien plus proche en tous cas que ce que la lourdeur germanique peut produire.

[1] « Rien de trop ».

III

Rupture trop humaine

Après la sortie de son premier livre, Nietzsche s'éloigne petit à petit de Wagner, puis finit même par rompre totalement avec lui. Cette rupture est d'ordre à la fois amicale, philosophique et artistique, et elle commence à se consommer à partir du moment où Wagner s'installe à Bayreuth, la petite ville censée devenir la ville sainte dédiée à son génie. De nombreux admirateurs y accourent et Wagner devient une célébrité. L'empereur Guillaume lui-même, bien que détestant la musique, vient assister aux représentations wagnériennes dans le palais des festivals construit pour le compositeur. Environné de cette ambiance fausse et ampoulée, Wagner perd, aux yeux de Nietzsche, sa pureté et son esprit. Pire, cédant à la mode idéologique de son temps, Wagner se fait nationaliste, antisémite et chrétien, devenant ainsi désespérément lourd et allemand, de plus en plus éloigné de l'idéal antique que Nietzsche avait cru possible à travers lui.

Pendant ses années bâloises en tant que professeur, Nietzsche écrit quatre *Considérations inactuelles*, ou intempestives, qui sont aujourd'hui réunies dans un seul livre. Ce sont quatre petits essais qui s'inscrivent dans l'époque de Nietzsche, c'est-à-dire qui sont, parmi ses œuvres – et malgré leur titre – les moins intemporelles. Nietzsche est encore un universitaire qui réagit aux problèmes et aux polémiques intellectuelles de son temps, et plus particulièrement de son pays, l'Allemagne.

La première (1873) et la deuxième (1874) de ses considérations inactuelles traitent de David Strauss, de la culture universitaire classique allemande et de l'historicisme qui, depuis Hegel, domine une grosse partie de la philosophie occidentale. Nietzsche y critique ce qu'il appelle les « nourrices sèches de l'éducation classique », c'est-à-dire les manières d'apprendre et de savoir qui s'éloignent profondément de la vie et de ses exigences. Il y critique également l'idéalisme historiciste à la mode chez ceux qu'il appelle avec mépris les « philistins cultivés » que sont les professeurs, les intellectuels de salon et les mandarins institutionnels.

La troisième considération inactuelle (1874) est peut-être la plus importante des quatre. Elle s'intitule *Schopenhauer éducateur* et nous renseigne sur la dette intellectuelle que Nietzsche doit à l'auteur misanthrope du *Monde comme volonté et comme représentation*. Il faut se rappeler que Nietzsche a une formation d'helléniste, de philologue (c'est-à-dire de spécialiste de la langue et des textes historiques) et non, à proprement parler, de formation philosophique classique[1]. En réalité, Nietzsche devient philosophe à la lecture de Schopenhauer, et celui-ci

---

[1] On a la tendance aujourd'hui à appeler *philosophes* ceux qui ont simplement fait des études de philosophie, alors que c'est souvent parmi eux que l'on trouve le moins, précisément, de philosophes (et tout particulièrement de penseurs originaux).

a une influence majeure dans le développement de sa pensée.

Schopenhauer est un philosophe singulier et fascinant. La philosophie est, selon lui, moins une simple connaissance du monde qu'une tentative de trouver la *signification* de ce même monde, et donc, en définitive, *d'en juger la valeur*. Il tire de cette évaluation un pessimisme radical qui le pousse à rejeter les conditions habituelles de l'existence comme la volonté ou le désir. A l'instar des bouddhistes, c'est une volonté du non-vouloir qui conclue son examen philosophique de la vie. Initié par l'orientaliste Friedrich Majer, Schopenhauer s'inspire beaucoup des philosophies orientales, telles l'hindouisme ou le bouddhisme, dont les œuvres commencent à être traduites en Occident.

À travers Schopenhauer et son pessimisme, Nietzsche découvre un antidote à l'idéalisme allemand en général et à la philosophie de Hegel en particulier. L'idée hégélienne, qui règne alors dans les universités allemandes, selon laquelle le monde progresse, par l'Histoire, vers l'accomplissement de l'Esprit, devient définitivement pour lui une illusion, voire une niaiserie.

Enfin, la dernière des considérations inactuelles (1876) évoque Wagner s'installant à Bayreuth. La rupture entre les deux n'a pas encore eu lieu mais on peut déjà sentir sous la plume de Nietzsche que le désenchantement s'est produit, prélude à une immense déception.

Alors que le jeune Nietzsche est toujours un honorable professeur d'université, brillant mais pas encore génial, il tombe malade et reste au lit, paralysé pendant des jours. Il décide alors de dicter un nouveau livre à son ami Peter Gast : *Humain trop humain* (1878). C'est le premier livre que Nietzsche écrit par aphorismes, ce qui devient par la suite son style si reconnaissable. Il le dédie ironiquement à Voltaire dont on célèbre le centenaire, figure utilisée par Nietzsche pour parrainer des esprits libres et sarcastiques, loin de la lourdeur wagnérienne avec laquelle il rompt. Avec ce livre, Nietzsche abjure définitivement les restes de son passé romantique dont inconsciemment s'était nourrie naguère sa foi en Wagner. Il en a désormais fini avec l'Idéalisme philosophique : là où l'on fait croire qu'il y a de l'idéal, des grandes idées, des abstractions et des concepts purs qui flottent dans le ciel éthéré de la philosophie, il n'y verra plus que de l'humain, et mieux encore : que du trop humain.

C'est à partir de la sortie de *Humain trop humain* que débute une nouvelle phase de la vie de Nietzsche. Il s'agit de celle dans laquelle il deviendra véritablement ce qu'il est, selon la formule célèbre que Nietzsche emprunte au poète Pindare : « *Deviens ce que tu es.* »

IV

Aurore et métamorphose

Vers la fin des années 1870, Nietzsche souffre d'un mal mystérieux que les docteurs sont bien incapables de diagnostiquer. Il a des migraines infernales et devient même par intermittence absolument aveugle. Il vomit de la bile et doit rester prostré parfois des semaines dans une chambre aux volets fermés. C'est dans ces conditions qu'il décide, pour raisons de santé, de quitter son prestigieux poste de professeur à l'université, en 1879. Il commence d'abord par aller vivre chez sa sœur, mais son mal redouble : il souffre encore plus. Se croyant proche de la mort, il écrit son testament, puis met ses dernières énergies dans un *va-tout vital* : il prend la décision de voyager vers des climats plus cléments que les brumes et le gris d'Allemagne, espérant que cela puisse améliorer sa santé. Il choisit pour cela l'Italie.

Ce voyage opère en lui comme une révolution ; mieux, c'est une révélation. Nietzsche respire enfin et guérit presque. Il part d'abord à Venise dont il aime le complet silence (ce qui, *a posteriori*, est cocasse quand on connaît la Venise actuelle débordante de touristes). Après Venise, il part s'installer à Gènes, ville dans laquelle il revit littéralement. C'est ce qu'il écrit d'ailleurs : « si je suis encore en vie, c'est à Gènes que je le dois. »

Il a été dit quelque part que l'homme du nord ne donne jamais l'exacte mesure de son talent tant qu'il n'a pas marché sous le soleil méditerranéen : sa raideur peut fondre pour dégager enfin l'éclat de son potentiel. C'est ainsi que Nietzsche, né et presque mort en austère protestant allemand, ressuscite en païen solaire au contact de l'invincible clarté.

Parce que Nietzsche est peut-être le premier philosophe majeur à intégrer la biologie à sa propre pensée, il insiste sur la dépendance de notre intellect à l'air que nous respirons, à ce que nous pouvons manger et à la luminosité qui nous environne : la contingence terrestre et matérielle engendre et sculpte toutes nos idées, lesquelles ne flottent donc pas dans un « pur esprit » qui était, depuis Platon, l'orgueil des philosophes. À propos de philosophie, Nietzsche s'amuse même en écrivant que certains climats sont plus propices à son envol : rien n'est préférable, d'après lui, que de penser dans des lieux secs et chauds comme en Provence, en Grèce ou en Italie.

À Gènes, Nietzsche écrit *Aurore* (1881), et le titre comme le fond du livre révèlent ce qui est en train de se passer pour lui *et* en lui. L'aurore, c'est l'émouvant début de quelque chose, et c'est exactement le phénomène qu'éprouve Nietzsche depuis son départ pour la méditerranée. Sa véritable vie débute, et avec elle, l'écriture de ses chefs-d'œuvre.

Dans *Aurore*, Nietzsche déflore les thèmes principaux qui seront plus tard ceux de sa philosophie comme, par exemple, l'origine des préjugés moraux, et il s'attache à la description d'un nouveau type de philosophe, lequel doit être moins un « philistin cultivé », bien gros de ses diplômes et de son importance mondaine, qu'un explorateur, un conquistador, un homme osant braver les convenances de l'esprit et de la morale. La philosophie n'est pas forcément faite pour les intellectuels tels qu'on les conçoit aujourd'hui, négligeant leur physique, le cul vissé sur une chaise et entouré de livres. C'est avant tout une discipline pour guerriers aimant le grand air. Platon lui-même, le philosophe *par excellence*, était un lutteur, un colosse dont le nom Πλάτων signifiait « larges épaules ». Il serait sans doute aujourd'hui regardé du coin de l'œil à Saint-Germain-des-Prés, à Science Po Paris ou au détour de la rue d'Ulm, car personne ne conçoit plus qu'un boxeur puisse être plus éclairé qu'un sociologue ou qu'un journaliste.

L'image du philosophe désincarné, celui qui gagne en crédibilité s'il ne se coiffe pas ou pèse moins lourd que trois de ses livres, est en réalité un modèle assez récent dans l'Histoire des idées. On peut déduire sans peine que cet archétype est issu du monde hideux de la spécialisation économique, lequel catégorise les individus selon leur *branche* ou leur *spécialité* auxquelles ils restent assignés toute une vie, et qu'ils doivent approfondir toujours plus et de façon toujours plus profonde, en tous cas au moins autant qu'une tombe peut l'être. Ce modèle est très loin de l'ancien idéal de la totalité qui était celui du *Kalos Kagatos* grec, l'homme idéal bon et beau, fort et philosophe à la fois, celui qu'on n'enferme jamais, et encore moins dans une spécialité.

À ce moment de son existence, Nietzsche trouve le rythme et l'hygiène de vie qui lui conviennent le mieux. Il passe l'hiver et le printemps sur le littoral méditerranéen et l'été en Engadine, en Haute-Suisse. Il marche énormément, entendu que, selon lui, il faut à tout prix éviter les pensées de plomb, les pensées lourdes, impotentes et infirmes, qui viennent à l'esprit lorsque l'on reste assis. « Les seules pensées valables viennent en marchant » écrit-il, reprenant par là une tradition philosophique classique, la péripatéticienne, celle d'Aristote, dont les vertus sont aujourd'hui démontrées par la science[1]. Pas à pas, il se rapproche ainsi des problèmes fondamentaux qui seront ceux de sa philosophie, et peut-être du plus douloureux d'entre eux : celui qui se pose aux Européens avec l'inéluctable mort de Dieu.

[1] De nombreuses études ont en effet démontré que l'homme se concentre beaucoup mieux en marchant, et mieux encore lors de marches dans la nature.

V

La mort de Dieu

Il arrive que les nietzschéens aillent marcher à Sils-Maria, en Engadine, comme d'autres vont en pèlerinage dans des lieux saints. C'est à cet endroit que Nietzsche écrit le livre qui est le véritable symptôme de son retour à la vie : *Le Gai Savoir* (1882), dont le titre (la « *gaya scienza* ») emprunte à l'occitan, la langue du sud de la France, celle des troubadours, de l'amour courtois et du poète Frédéric Mistral.

Le Gai Savoir est le premier livre qui, en en prenant le style, la forme et le fond, est enfin totalement nietzschéen. Ce livre est d'importance, car c'est dans celui-ci que l'on trouve pour la première fois une formule qui aura une bruyante postérité et à laquelle, malheureusement, beaucoup de gens réduisent aujourd'hui Nietzsche. Je parle bien sûr du fameux : « Dieu est mort ».

Combien de fois ai-je entendu, à propos de Nietzsche (et y compris de la part de gens cultivés), que le philosophe du surhomme était un nihiliste, précurseur d'une certaine modernité, et, en un sens, son laudateur, au prétexte qu'il proclamait la mort de Dieu, laquelle avait pesée lourd dans les égarements européens parfois monstrueux du XXème siècle athée ? Pourtant, la façon dont on interprète le mot de Nietzsche relève très souvent d'une mauvaise interprétation.

En effet, on oublie généralement que, dans le Gai Savoir, Nietzsche ne prononce pas lui même cette formule, mais la met plutôt dans la bouche d'un personnage, et pas n'importe lequel : un *insensé*. C'est un fou qui crie partout que Dieu est mort, et c'est là un élément très important à retenir si l'on veut comprendre ce que Nietzsche veut signifier par cette formule.

Dans l'aphorisme en question, l'insensé, comme il l'appelle, court les rues et hurle sur la place du marché qu'il est à la recherche de Dieu. Or, les gens de la foule se moquent de lui et se moquent de Dieu en lui disant : « Eh bien, il est où ton Dieu ? Se cache-t-il comme un enfant ? Est-ce qu'il a émigré ? Est-ce qu'il a peur de nous ? » tout en riant aux éclats. C'est à ce moment là que l'insensé leur répond : « Où est Dieu ? Eh bien je vais vous le dire, nous l'avons tué vous et moi, nous sommes tous ses meurtriers, Dieu est mort, et comment nous consoler, nous, les meurtriers des meurtriers ? ».

Ainsi, contrairement à l'idée reçue selon laquelle Nietzsche déclare que Dieu est mort et semble s'en réjouir, on lit plutôt qu'il fait *constater* par un pauvre hère que le Dieu chrétien, autrefois si puissant dans les cœurs européens, a été tué par la foule moderne, la masse grossière qui se gausse. Cette foule sarcastique et lyncheuse est celle qui, au XIXème siècle, arrive sur le devant de la scène sociologique et politique : c'est le commencement de l'ère des masses. Aujourd'hui, c'est celle que l'on pourrait observer sur les réseaux sociaux par exemple.

Au XIXème siècle, Nietzsche, que l'on accuse pourtant d'avoir voulu tuer Dieu, a tout a fait raison d'assumer ce qui est devant ses yeux. Le XXème siècle, ses deux guerres mondiales, le communisme et la postmodernité viendront confirmer cette mort patente : c'est désormais au nom d'idéologies politiques ou de croyances sociétales qu'on tuera ou qu'on vivra, plus au nom de la seule religion. Ce phénomène n'est pas de la faute de Nietzsche : plus tard, à la fin de sa vie et alors qu'il est malade, il écriera pour sa mère, dans un rare moment de lucidité, sur un coin de nappe, qu'il ne fallait pas lui en vouloir car ce n'était pas lui qui avait tué Jésus Christ. Toutefois, il n'est pas rare de tirer sur le messager qui annonce nouvelle si terrible.

Une bonne fois pour toute, ce que Nietzsche entend par la mort de Dieu, c'est l'observation lucide et implacable d'un christianisme qui a perdu de sa superbe en Europe après avoir régné sur les consciences pendant mille ans. La modernité tue Dieu dans la mesure où elle s'en passe, qu'elle l'oublie et le prie moins, mais sa mort laisse les hommes *sans sens*, c'est-à-dire, précisément, *insensés*, puisqu'ils n'ont plus de guide. C'est à partir de ce cruel constat qu'il faut repenser toute une philosophie qui soit capable de nous pourvoir à nouveau en valeurs et en buts. « Comment nous consoler, nous, les meurtriers des meurtriers ? » finit l'insensé dans le Gai Savoir. Et c'est là précisément ce à quoi la philosophie nietzschéenne va s'atteler.

VI

L'Éternel retour

En août 1881, alors que Nietzsche effectue l'une de ses nombreuses marches autour du lac de Sils-Maria, dans un paysage à la fois idyllique et grandiose, il s'arrête longuement devant un grand rocher de forme pyramidale et a littéralement une illumination, une vision : celle de l'*Éternel retour*. Là encore, il s'agit d'une notion très connue, souvent citée, mais finalement assez peu comprise.

La version pauvre, pratique et simplement morale de l'interprétation de l'Éternel retour, est celle d'une invitation au courage. Un courage qui, face à la vie, et surtout à la fin de celle-ci, devrait nous faire dire : « était-ce cela la vie ? Eh bien recommençons ! ». C'est une sorte de préconisation existentielle pour nous encourager à vivre une existence que l'on aurait envie de recommencer éternellement. Un amour absolu, en somme, de la vie, et de tout ce qu'elle comporte (c'est-à-dire aussi ce que notre sensibilité juge négatif, comme la douleur ou la tristesse). Il s'agit de vouloir toujours recommencer à vivre, non parce qu'on ne serait pas satisfait de notre propre vie et que l'on voudrait recommencer pour la changer, mais au contraire parce qu'on l'aime tellement qu'on aimerait la revivre infiniment : c'est la compréhension et l'acceptation de la perfection de l'existence et de l'adéquation totale de notre destin avec celle-ci.

Mais, en vérité, l'Éternel retour est d'une toute autre nature, bien plus métaphysique qu'éthique. C'est une pensée magistrale difficile à saisir, et, surtout, difficile à accepter. C'est dans *Ainsi parlait Zarathoustra* (1883) que Nietzsche dévoile la première fois la vision de l'Éternel retour à travers une allégorie, presque une énigme.

Un promeneur est en train de marcher depuis longtemps sur un chemin dégagé, et arrive subitement à un carrefour, un point d'intersection où les routes se croisent. Là, un vieil homme dort au pied du poteau qui marque le carrefour. Ne sachant plus exactement où il est, le promeneur décide de réveiller le vieil homme pour lui demander le nom de cet endroit, celui de cette croisée des chemins. Le vieil homme se lève, secoue la tête, le regarde et lui dit : « cet endroit où vous vous êtes arrêté, il s'appelle l'instant ». Puis il ajoute : « regardez derrière vous, regardez le chemin que vous avez parcouru : il y a une éternité derrière vous. Et regardez à présent devant vous : le chemin qui est en face, et qu'il vous reste à parcourir, lui aussi est éternel ».

Il y a de fortes chances pour que le promeneur ne comprenne pas, et que, fatigué, il n'ait pas forcément l'envie de s'engager sur un chemin éternel. Pourtant, il ne peut pas non plus rester sur place, alors que faire ? Nous sommes en vérité quotidiennement ce promeneur en face de l'énigme du vieillard : que peut-elle donc bien signifier?

Le vieil homme explique qu'il y a une éternité derrière soi et une éternité devant soi. Nous sommes donc comme « coincés » entre deux éternités ; on appelle généralement l'une le *passé*, et l'autre le *futur*. Mais il n'y a pas de commencement au passé comme il n'y a pas d'aboutissement au futur : ce sont deux infinis qui par conséquent se rejoignent et ne font qu'un. Comme le résume René Guénon, deux éternités, deux infinis, ne peuvent exister concomitamment sinon ils se limiteraient l'un l'autre. L'éternité derrière nous est donc exactement la même que l'éternité qui est devant nous, et les deux chemins, qui les représentent, sont nécessairement reliés et continus. L'endroit où nous décidons de nous arrêter pour savoir où nous sommes, c'est *l'instant*, c'est-à-dire la rencontre fatale de deux chemins infinis qui en réalité ne font qu'un.

Cet instant comporte en lui tout ce qui est déjà arrivé, et donc tout ce qui va arriver aussi. L'existence revient toujours sur elle même dans un mouvement perpétuel que nous éprouvons vaguement à travers le temps, mais qui n'est au final qu'une simple perspective. En somme, l'éternité, le divin, le tout, l'infini – le passé et le futur réunis – c'est l'instant. C'est contenu *dans* l'instant. Il est le carrefour où nous nous arrêtons toujours sans jamais, ou très rarement, réveiller le vieil homme pour qu'il nous aide à connaitre l'endroit où nous nous trouvons, le plus important d'entre tous, le plus fondamental, celui qui les contient tous.

Il s'ensuit qu'il n'y a pas de terme final de la vie, ni dans l'au-delà ni dans l'avenir, et qu'il n'y a pas non plus de but particulier. En vérité, l'objectif de la vie est atteint à chaque instant – à chaque *instant présent* – lequel revient toujours à l'identique dans le circuit de l'éternité. Le but de la vie, c'est donc la vie elle-même.

Cette philosophie, en plus d'avoir des sources pythagoriciennes, et même stoïciennes[1], ressemble finalement beaucoup à celle de Spinoza, et on ne s'étonnera pas d'apprendre que Nietzsche est précisément en train de le lire durant l'été 1881. Il voit en l'auteur de *l'Ethique*, cet autre grand solitaire, un précurseur avec qui il croit partager la négation métaphysique du libre arbitre, des buts de la vie, de l'ordonnance morale du monde, du désintéressement et du « Mal ». Pour Spinoza comme pour Nietzsche, la vie est toute entière d'un même tenant, composée d'une substance unique et éternelle, jaillissant par nature dans chaque particule et à chaque instant.

La vie présente est donc l'Absolu ; il n'y en a pas d'autres. Il faut se fixer à elle, l'accepter et apprendre à l'aimer telle qu'elle est, dans toute sa perfection immuable, immanente et instantanée : voilà la plus grande affirmation de la vie qui se révèle à Nietzsche et qu'il traduit dans la formule de l'Éternel retour.

---

[1] Notamment à travers la doctrine des conflagrations et des *palingénésies*, soit la régénération perpétuelle du monde.

VII

Zarathoustra

Après la vision de l'Éternel retour, une autre révélation d'importance va illuminer la vie de Nietzsche et lui imprimer un caractère décisif : c'est celle du personnage de *Zarathoustra.*

À Gênes, un jour de l'année 1882, alors que Nietzsche est en train de marcher dans la paradisiaque baie de Rapallo, il aperçoit en songe son double à la fois mythique et mystique, un frère en qui il reconnaît le prophète Zarathoustra.

Zarathoustra, ou *Zoroastre*, est un prophète iranien (perse) dont l'existence est à la frontière entre le mythe et l'Histoire, puisqu'on ne sait encore pas exactement quand il est né et à quelle époque il dispense sa doctrine religieuse. Celle-ci est, pour l'essentiel, un manichéisme qui oppose des forces et des esprits du « Bien » et du jour avec des forces et des esprits du « Mal » et de la nuit. Il existe toujours en Iran, en Inde, en Azerbaïdjan et dans d'autres pays de cette région du monde, des croyants et partisans du *zoroastrisme.* Toutefois, précisons de suite que le Zarathoustra de Nietzsche n'a rien à voir avec le zoroastrisme. En réalité, Nietzsche utilise cette figure légendaire pour écrire un livre poétique et philosophique, écrit en paraboles, à la manière des Évangiles. Parce qu'il lui faut davantage qu'un philosophe pour annoncer sa révélation, il recourt à la figure d'un prophète : pour ce faire, il choisit celui qui est peut-être le premier dans l'humanité à avoir divisé l'Univers entre « Bien » et « Mal », et qui, pour s'en repentir, doit donc désormais répandre une nouvelle doctrine, très au delà, elle, du « Bien » et du « Mal ».

Ainsi naît *Ainsi parlait Zarathoustra*[1], livre mystérieux pour beaucoup[2] car fondamentalement *à part*, tant dans l'Histoire de la philosophie que dans l'œuvre de Nietzsche lui-même. Il est écrit sous forme allégorique, poétique, voire *symphonique*, et nombreux sont ceux qui le classeront immédiatement dans la catégorie des écrits sacrés. À travers la figure du prophète Zarathoustra, le solitaire de la montagne qu'accompagnent un aigle et un serpent et qui descend vers les hommes à la manière des rayons du soleil sur la Terre, Nietzsche donne à l'humanité un livre dont la philosophie a incontestablement une connotation religieuse. Köselitz, l'ami et élève de Nietzsche, verra ainsi en Zarathoustra la possibilité d'une nouvelle religion, à la manière du Bouddhisme, c'est-à-dire d'une philosophie capable de se faire *in fine* religion.

---

[1] La formule « Ainsi parlait... » emprunte à la façon dont les auteurs présocratiques commençaient leurs écrits.

[2] Et sur lequel nombre de jeunes intéressés par la philosophie se cassent les dents, faisant l'erreur très commune de commencer par ce livre pour entrer dans l'œuvre de Nietzsche. Or, c'est peut-être précisément le dernier livre avec lequel il faut commencer... Il est cependant possible de le lire *pendant* la lecture des autres de ses ouvrages, en même temps, comme la version et le pendant poétique, mystique et artistique, de son œuvre philosophique. Après tout, Aristote nous apprend que la poésie est *aussi* une source de vérité.

Comme nous l'avons déjà un peu vu avec l'idée de la mort de Dieu, le problème de Nietzsche est de redonner un but à l'humanité ainsi qu'une nouvelle échelle de valeurs, une nouvelle façon d'appréhender ce qui est « Bien » et ce qui est « Mal », après, justement, que la religion a perdu de son ancienne puissance. C'est donc la tâche de Zarathoustra, chargé d'être le prophète d'une nouvelle « Bonne Nouvelle » pour l'humanité, celle de l'annonciation du surhomme vers lequel l'homme devra tendre, armé d'un but nouveau et de valeurs retrempées dans la terre.

« L'homme n'est qu'une corde tendue entre la bête et le surhumain – une corde au dessus d'un abîme » écrit Nietzsche. Le surhomme est donc la nouvelle tâche qui doit être assigné à l'homme, et qui doit redonner à son existence un sens. Sans celui-ci, l'homme moderne, pris dans l'impasse spirituel de son époque athée, risque immanquablement de tomber dans l'abîme du nihilisme.

Avant de parler de la conception du surhomme nietzschéen, notion qui, elle aussi, est davantage citée que connue, il faut d'abord connaître l'essentiel de la philosophie nietzschéenne, car l'idéal du surhomme – ce but nouveau donné à l'humanité – en est sa conséquence ; mieux : il en est sa projection.

VIII

La Vérité entre mer et montagnes

L'après Zarathoustra est pour Nietzsche la période la plus féconde de sa vie. C'est celle dans laquelle il produit ses œuvres les plus fondamentales, celles qui auront le plus d'influence et qui le feront entrer dans le panthéon de la philosophie occidentale. Le *style* nietzschéen, qui le distingue des autres philosophes (en particulier allemands) prend enfin son envol pour atteindre sa maestria. À l'exception de Schopenhauer, les philosophes allemands ne sont en général pas des *écrivains* ; leur prose est lourde et souvent difficile à lire, alors que Nietzsche est considéré comme l'un des plus grands écrivains en langue allemande. Plus jeune, il craignait de n'avoir pas de style d'écriture ; c'est un domaine qu'il travaillera et peaufinera longtemps. Le célèbre naturaliste français Buffon a écrit que « le style, c'est l'homme même », et c'est là une sentence que Nietzsche aurait sans conteste très bien pu écrire et penser.

Je vais maintenant en terminer avec les purs éléments biographiques afin que l'on puisse passer à l'examen de sa philosophie, et tout particulièrement ce qui, dans celle-ci, apparaît comme le plus pertinent pour penser l'époque actuelle.

Après l'écriture de Ainsi parlait Zarathoustra, Nietzsche continue de vivre entre les montagnes suisses, l'Italie et, on l'oublie trop souvent, le sud de la France. C'est à Nice que Nietzsche passe peut-être les moments les plus heureux et les plus productifs de sa vie. Il invente pour cette ville l'adjectif « alcyonien » qu'il utilise pour évoquer le ciel azuréen, son soleil, sa météo et son mistral provençal si prompt à nourrir l'esprit. C'est ici qu'il songe un beau jour à créer une sorte de colonie pour ce qu'il appelle les *bons Européens*, un phalanstère pour esprits supérieurs. Hélas, c'est un projet qu'il abandonne vite pour retourner s'enfermer dans une solitude qui confine à l'héroïsme. À chaque fois que Nietzsche s'installe quelque part, il se crée naturellement une vie sociale autour de lui : c'est un professeur d'une prestigieuse université, ce qui ne passe pas inaperçu dans les milieux cultivés, et il commence également à se faire une petite réputation à travers l'Europe. De plus, contrairement à l'image que l'on pourrait se faire d'un Nietzsche acariâtre et refrogné, il est en vérité plutôt bien disposé et sympathique, engageant la conversation assez facilement, notamment avec les femmes qui l'apprécient beaucoup, le jugeant généralement *gentleman* et bien intentionné. Durant l'année 1882, il tente même d'épouser une jeune femme exceptionnelle, Lou von Salomé[1], mais celle-ci l'éconduit par attachement à sa liberté. Plus tard, Nietzsche remarquera avec un peu d'ironie que les grands philosophes sont rarement mariés et n'ont généralement

[1] Lou Andréas-Salomé (1861-1937) est une femme de lettres germano-russe qui frayera et échangera avec de nombreux génies de son époque, dont Rilke et Freud.

pas d'enfants, comme si l'accouchement de leur œuvre philosophique était un substitut naturel et nécessaire à la procréation.

Cette vie sociale que Nietzsche obtient mécaniquement partout où il s'installe, il finit par la fuir aussitôt pour partir vagabonder ailleurs, comme un éternel voyageur qui n'aurait que son ombre pour unique compagnon. Comme il l'écrit amèrement, il se *proscrit* lui-même. Ses pérégrinations constantes le condamnent ainsi à une solitude d'autant plus écrasante et extraordinaire qu'il ne s'agit pas seulement d'une solitude sociale, mais essentiellement d'une solitude intellectuelle. Nietzsche a l'orgueilleuse conscience d'accoster des rivages de la pensée que peu avant lui avaient osé aborder ; ce qui fait l'originalité et la grandeur de sa philosophie fait par conséquent *aussi* la lenteur avec laquelle elle atteint les hommes de son époque. C'est pourquoi il en conclut qu'il est né *posthume,* et que ses livres ne seront lus, et surtout compris, qu'un siècle après lui.

Durant ces années entre mer et montagnes, il écrit *Par delà Bien et Mal* (1886), puis *Généalogie de la morale* (1887), *Le cas Wagner* (1888), *Crépuscule des Idoles* (1888), *L'Antéchrist* (1888), *Ecce homo* (1888), et il travaille surtout, dans le même temps, à son œuvre majeure, *La Volonté de Puissance,* censée être composée de quatre livres qu'il ne finit hélas pas. Cette œuvre doit être l'édifice principal de la philosophie nietzschéenne puisque c'est grâce à elle que doit se réaliser son objectif final : la transvaluation de toutes les valeurs. C'est aussi celle dans laquelle s'exprime et se dévoile plus nettement la métaphysique nietzschéenne que l'on a tendance à sous-estimer au prétexte que Nietzsche ne serait pas un philosophe de système. Beaucoup, pour ne pas avoir à prendre la philosophie nietzschéenne trop au sérieux – ainsi que les terribles conséquences que cela supposerait – s'abritent en effet derrière l'idée que Nietzsche se contredirait souvent et n'aurait de toute façon pas produit de système philosophique capable de dire entièrement le réel, de sorte à ce qu'il ne soit, au fond, qu'un philosophe pittoresque et original chez lequel il est possible d'aller piocher quelques beaux aphorismes, quelques idées fortes et intellectuellement stimulantes, mais jamais de vision globale du cosmos[1]. Cette idée, voire ce *préjugé*, encore alourdi par les soupçons de manipulations nazis qui planent au dessus de La Volonté de Puissance[2], ne résiste pas à une étude approfondie de sa philosophie. Heidegger fait de Nietzsche le dernier des grands métaphysiciens, et consacre tout un chapitre dans *Les chemins qui ne mènent nulle part*, ainsi que de longs cours d'analyses, pour le démontrer.

Si Nietzsche a effectivement raillé les grands philosophes qui l'ont précédé, notamment pour leur goût des systèmes philosophiques clos dans lesquels il est souvent

---

[1] Cette façon d'utiliser Nietzsche est très courante chez les « philistins cultivés » qui sévissent encore aujourd'hui à l'université ou dans des médias comme France Culture.

[2] Au prétexte que c'est la sœur de Nietzsche, Elisabeth Förster Nietzsche, acquise aux idées du national-socialisme, qui fera publier La Volonté de Puissance en finissant la sélection, et surtout l'enchainement des aphorismes qui devaient y figurer. Il s'agit là d'une critique assez futile de la Volonté de puissance, faite surtout pour s'épargner la prise en considération d'une œuvre dérangeante, puisque la sœur de Nietzsche n'a ni écrit ni réécrit des parties de ce livre, elle a juste terminé sa mise en forme, ce qui ne change donc presque rien au fond. !

impossible de penser les nuances, les paradoxes et les scories dont la vie est faite, c'est parce que toute l'œuvre nietzschéenne est une critique de la philosophie occidentale et de ses fondements, y compris l'idée de la possibilité d'une pure vérité abstraite de laquelle on pourrait faire découler des systèmes. Cela ne signifie pas que Nietzsche, même s'il excelle en cette matière, à la manière d'un Voltaire, se contente de *faire de l'esprit* pour esquinter ses prédécesseurs. La critique rejoint ses propositions, et c'est à la lumière de sa métaphysique, au premier regard moins systématique, mais en vérité tout aussi complète que celle d'un Spinoza, que l'on peut comprendre ses accusations à l'égard des métaphysiques et des systèmes qui, jusqu'alors, jouissaient des plus hauts titres de noblesse de la philosophie occidentale.

Il est également souvent dit que Nietzsche se contredit, et l'on en fait volontiers un argument contre sa philosophie. Il s'agit, là encore, d'une lecture superficielle. D'abord, ce qui semble parfois être contradictoire dans son œuvre se comprend parfaitement lorsque l'on prend en compte l'évolution, y compris chronologique, de sa pensée. Il est naturel que l'on ne pense pas pareil selon son âge, et mettre deux aphorismes à côté, espacés de presque dix ans, peut en effet donner cette impression. Mais, d'une manière plus générale, on a surestimé les contradictions nietzschéennes, lesquelles ne sont pas si fréquentes, encore moins importantes, et qui relèvent bien davantage de son goût très français – et pour le coup peu allemand – des nuances et des paradoxes avec lesquels il aime jouer tel un aristocrate et homme de lettre du XVIIIème siècle.

IX

Métaphysique de la Volonté de puissance

Commençons donc par essayer de comprendre cette métaphysique nietzschéenne avant d'aborder celle qui concerne plus directement la société humaine, celle qui ne cache pas son aspect belliqueux à l'égard de la modernité décadente et nihiliste dont notre époque actuelle n'est que l'aggravation morbide, son stade terminal.

Comme vu précédemment avec le concept de l'Éternel retour, le monde est pour Nietzsche ce qu'il était déjà pour Aristote, à savoir un univers infini, sans commencement ni fin. C'est la conclusion logique de la critique de *l'argument régressif* sur la causalité infinie de la création. En effet, si Dieu est la réponse immédiate à la question *« qui a créé le monde ? »,* alors vient consécutivement une deuxième question : *« mais qui a crée Dieu ? »,* et ainsi de suite jusqu'à l'infini. Les théologiens et philosophes ont alors inventé l'idée selon laquelle Dieu, le principe premier, était incréé – ou plutôt, qu'il l'était *par lui-même,* qu'il était *causa sui,* c'est-à-dire *cause de lui-même.* Il s'agit encore de l'argument principal des religieux. Or, si l'on continue à pousser la logique de cet argument, on doit admettre que ce qui est causa sui est nécessairement éternel, car si Dieu s'est créé lui-même à un moment ou dans un espace particulier, alors il faut se demander qui a créé ce moment et cet espace particulier dans lesquels Dieu s'est créé, et ainsi recommencer à l'infini l'argument régressif. Il est aussi impossible de considérer logiquement que Dieu ait pu se créer du néant, car si le néant pouvait permettre la naissance de Dieu, c'est qu'il serait déjà *quelque chose*, en l'occurrence une base à la création de Dieu. Mais si le néant devient quelque chose, il n'est donc pas le néant, nous obligeant dès lors à retourner à l'argument régressif en nous demandant qui l'aurait créé avant que Dieu décide de se créer lui-même en son sein. La *cause de lui-même* doit donc toujours avoir existé. Mais si Dieu est éternel, c'est qu'il est aussi infini, comprenant tout en lui-même, car sinon, qui aurait créé les choses existantes autour de lui et qui ne sont pas lui ? Et selon quelle temporalité ? Et si c'est lui leur créateur, alors il faut logiquement reconnaitre qu'il est impossible que ses créations soient extérieures à lui-même puisqu'il est infini, or l'infini, par définition, ne peut être limité par autre chose. L'éternel est l'infini, et l'infini est nécessairement tout : voilà la métaphysique *spéciale*[1] de Nietzsche, proche de la philosophie panthéiste ou païenne (au moins brahmanique). L'univers est un tout dans lequel, comme le disait Lavoisier, rien ne se crée, rien ne se détruit mais tout se transforme au gré d'un jeu de force et de puissance entre ce qui parvient à se former en unité existante, à l'instar d'un arbre, d'une bactérie, d'une étoile ou d'un grain de sable, d'un être humain ou d'une civilisation. Tout ce qui vit, ou plutôt tout ce qui existe, s'anime et suit le destin qui est le sien avant de se décomposer et disparaître,

---

[1] La métaphysique spéciale est celle qui concerne le monde, l'âme et Dieu.

puis se recomposer ailleurs en une autre unité existante qui suivra son propre destin, et ainsi de suite, mû non pas par une volonté de vivre, comme l'aurait dit Schopenhauer, mais par une volonté de puissance, c'est-à-dire, en somme, par une propension à vouloir dépenser sa force, *donc sa vie*.

Tout ce qui existe possède la vie, et pour Nietzsche cette vie est *une puissance, une force*. « Le vivant, c'est ce qui cherche à dépenser sa force » écrit-il. Certains êtres en ont beaucoup, d'autres moins, mais tous doivent – *et donc veulent* – exprimer cette force, cette vie, la dépenser et la projeter dans le monde. Pour employer une métaphore, la vie pourrait ressembler à de l'argent que nos parents nous auraient donné avec l'obligation de tout dépenser avant de mourir. La vie *en nous* veut être dépensée, et c'est pourquoi elle appelle à notre expansion, et non à notre conservation. Ce principe du vivant (celui de l'univers ou de Dieu) parle en nous à la manière d'une motivation intérieure que l'on appelle la volonté. Exister, c'est donc vouloir vivre, et vouloir vivre, c'est projeter sa force. Voilà l'essence de la *Volonté de puissance*. Nous sommes tous animés par elle, y compris et surtout ceux qui n'en ont pas conscience et qui croient naïvement y échapper en professant de bons sentiments.

Nous sommes tributaires de la Volonté de puissance dans la mesure où nous sommes acteurs de l'existence et partie prenante de la vie. Tout est Volonté de puissance car tout est désir vital d'utiliser la force qui est contenue en soi. À échelle humaine, celle-ci se dévoile à chaque fois qu'un homme pense, agit, parle et se meut. Chaque fois que quelqu'un fait *quoique ce soit*, c'est pour exprimer sa force et donc pour tenter d'augmenter sa puissance.

Arrivé à ce stade, il faut préciser qu'une connaissance défaillante de Nietzsche fait croire à des crédules qu'être nietzschéen signifie vouloir acquérir de la puissance sur les autres par tous les moyens, interprétant ainsi l'expression *Volonté de puissance* non comme une description métaphysique de la vie, mais comme une adjuration morale, une sollicitation, voire un commandement. Pour résumer, un nietzschéen serait un être immoral à la recherche de puissance, quand les autres se garderaient bien gentiment de pareils objectifs. C'est notamment cette lecture stupide qui a créé la représentation caricaturale de fascistes nietzschéens *au prétexte* de leur simple volonté de puissance (comme si les alliés en face n'en avaient pas...). Or, faut-il encore le répéter, la volonté de puissance est la motivation intérieure la mieux partagée au monde, puisqu'elle est l'essence de la vie.

Schopenhauer avait déjà compris que la vie était soutenue par une motivation intérieure, et le plus souvent inconsciente, qu'il appelait *Volonté de vivre*. Or, Nietzsche explique que c'est la puissance que la vie recherche, non la vie pour elle-même dans son plus simple appareil, car il existe de nombreux exemples montrant que la volonté de puissance outrepasse et prend le pas sur la simple volonté de vivre. Lorsque la vie s'exprime avec une grande intensité, comme à la guerre, comme dans l'amour, comme dans un processus créatif, et donc, bien souvent, en un processus *sacrificiel* – la vie se risque et se raccourcit volontairement par *excès d'elle-même*, c'est-à-dire par *excès de force*. Une vie qui cherche avant tout à se conserver dit simplement qu'elle ne possède pas beaucoup de force, qu'elle n'est ni profuse ni frénétique ; au contraire, à chaque fois que la vie est portée plus haut, à chaque fois qu'elle est plus forte et plus belle, elle est aussi plus fragile, et en un sens, *plus mortelle.*

La différence entre ceux qui vivent avec intensité et ceux qui semblent vouloir davantage se conserver, n'est pas une différence de motivation intérieure, c'est simplement une différence de bagage de force et de son utilisation. Reprenons la métaphore de l'argent dont on aurait hérité à la naissance : certains ont beaucoup d'argent, d'autres peu ; certains préfèrent le dépenser en prenant des risques énormes mais excitants, et d'autres préfèrent faire des investissements prudents et plus modestes. Il en est exactement de même pour la vie en nous. Toutefois, cela ne signifie pas que ceux qui prennent moins de risque dans la dépense de leur vie n'aient pas de Volonté de puissance. Celle-ci existe chez eux de la même manière, mais elle existe à plus faible intensité : elle cherche elle-aussi à s'exprimer, *à se dépenser*, mais elle cherche d'autres moyens, plus économes, *plus détournés*, pour y parvenir.

Or, dans ces conditions, il arrive même que la volonté de puissance dégénère.

En effet, la Volonté de puissance peut aussi dégénérer, et comme nous allons le voir par la suite, c'est exactement le symptôme flagrant de l'Europe actuelle. La Volonté de puissance dégénère quand celle-ci s'affaiblit, ou quand des forces contraires et intellectuelles cherchent, par la culpabilisation, à empêcher la vie d'exprimer la force naturelle qui est en elle, ou lorsque un plaisir pervers nait de l'inversion des instincts, à cause d'une existence trop éloignée de la nature, conduisant dès lors à aimer la soumission et la destruction méthodique de soi. Lorsque ces phénomènes arrivent, c'est le signe de la décadence nous dit Nietzsche. Il écrit ainsi dans Ecce Homo : « Lorsqu'on détourne le sérieux de la volonté de survivre et d'accroître ses forces physiques, c'est à dire lorsqu'on se détourne de la vie – qu'est-ce donc sinon la recette même de la décadence ? »

Avant d'examiner les conditions de dégénérescence et de perversion de la Volonté de puissance, il faut bien comprendre qu'il existe différente manière d'exprimer celle-ci. Puisqu'elle se retrouve dans *toutes* les actions humaines, étant essentiellement inhérente à l'existence sous toutes ses formes, alors il faut oser voir en l'homme charitable qui donne sa fortune à des miséreux le même phénomène métaphysique que le barbare qui pille une cité soumise. Les deux font parler leur Volonté de puissance, en des sens moraux bien différents, certes, mais qui procèdent au final du même désir de dépenser ce qu'ils sont et donc d'accroître leur puissance. Celle-ci peut donc très bien être une puissance *morale*, c'est-à-dire une puissance permettant d'augmenter la satisfaction que l'on a de soi, ou d'augmenter son prestige dans une société qui ferait précisément la part belle à l'altruisme.

La question de la Volonté de puissance est donc moins celle de savoir s'il y a des hommes qui en sont dotés (et qui sont donc, du fait de nos valeurs chrétiennes, condamnables pour cela) tandis que d'autres en seraient dépourvus (ce qui, nous l'avons vu, est faux), mais bien davantage la question de savoir selon quels critères moraux nous devons juger les différentes façons qu'ont les hommes de l'exprimer, ainsi que les mobiles et les raisons qu'ils utilisent pour la justifier.

Résumons donc la métaphysique de la Volonté de puissance :

I – L'univers est un grand Tout infini et éternel composé de forces qui s'entrechoquent, se dépensent et se recomposent.

II – Ces forces qui veulent se dépenser à travers ce qui existe procurent une motivation intérieure qui est une volonté de puissance.

III – Tous les êtres humains sont donc naturellement munis d'une volonté de puissance.

IV – Il existe différentes façons d'acquérir de la puissance car il existe différents niveaux et différentes natures de puissance et de force.

V – La question philosophico-morale la plus importante est de juger quelles sont les meilleures façons d'exprimer cette volonté de puissance, et d'en tirer des valeurs pour déterminer ce qui est « Bien » ou « Mal ».

VI – Toutefois, pour déterminer ces valeurs, il faut connaître les *vraies raisons* qui se cachent derrière les choix que semblent faire les hommes entre les différentes façons d'exprimer leur volonté de puissance, car celle-ci peut dégénérer, se pervertir et même porter atteinte à la vie.

X

Un moraliste

À partir de la métaphysique de la Volonté de puissance, c'est en *moraliste* que Nietzsche se préoccupe avant tout de philosophie.

Pour comprendre pourquoi est-ce que je parle, à propos de Nietzsche, de *moraliste*, il faut en premier lieu connaître la tradition française des grands moralistes du XVIIème siècle dont La Bruyère, Vauvenargues, Chamfort, Fontenelle, et, surtout, La Rochefoucauld, sont les illustres représentants. Nietzsche écrit qu'avec ces derniers, lorsqu'on les lit, on est plus près de l'Antiquité qu'avec n'importe quel autre auteur de n'importe quel autre pays : « écrites en grec, dit-il, leurs œuvres eussent été comprises par les Grecs. » ce qui, lorsque l'on connaît la déférence de Nietzsche et de ses contemporains cultivés pour l'antiquité grecque, est sans doute le plus élevé des compliments.

Ces moralistes français sont issus d'une société aristocratique, ils ont eu une éducation parfaitement catholique tout en étant profondément libres d'esprit, et forment donc ce type humain d'élite que représentait naguère le gentilhomme français. Celui-ci, on l'a un peu oublié aujourd'hui, est l'idéal masculin absolu, celui de la *totalité* contraire à la *spécialisation* toute moderne : il est distingué mais tout à la fois guerrier ; il est cultivé mais aussi vigoureux ; philosophe mais aussi chrétien, c'est-à-dire doté d'une forte spiritualité ; bref, c'est l'homme complet, l'homme quasi parfait que nous dévoile l'Histoire européenne.

Ces gentilshommes français du XVIIème siècle ont engendré quelques moralistes qui sont parmi les plus grands observateurs de l'âme et des sociétés humaines, et à côté desquelles nos sociologues ou psychologues actuels passeraient pour des charlatans ou des amateurs. Dotés d'une lucidité incomparable du jugement, d'une maitrise dans l'art de discerner toutes les nuances des plis du caractère de leurs contemporains, ils ont excellé dans la capacité à autopsier les consciences, et surtout à déceler les mensonges que l'homme se prodigue souvent à lui-même.

Prenons comme exemple La Rochefoucauld, qui est le meilleur d'entre eux. Lorsqu'il écrit dans ses célèbres maximes : « On ne se blâme que pour être loué », il met à jour ce qui se cache derrière une apparente modestie, c'est-à-dire un désir de louanges. Lorsqu'il écrit : « Il y a des gens qui ne seraient jamais tombés amoureux s'ils n'avaient jamais entendu parler d'amour », il dévoile une vérité de l'âme humaine avec une telle perspicacité qu'elle en devient cruelle.

La Rochefoucauld a une vue perçante et fine qui ne s'embarrasse ni de faux-fuyants ni d'hypocrisie : « Nos vertus ne sont le plus souvent que des vices déguisés » écrit-il. Et c'est en cela que nous avons, avec lui, un vrai précurseur de Nietzsche. Pourquoi ? Parce qu'il montre que ce que nous appelons nos vertus, nos bons sentiments et nos belles idées, s'inspirent en vérité de bien d'autres mobiles que ceux que nous nous avouons à nous même, ou ceux que nous voulons faire paraître aux autres. Quand La Rochefoucauld écrit que « Rien n'est plus rare que la véritable bonté : ceux qui mêmes croient en avoir n'ont d'ordinaire que de la complaisance ou de la faiblesse », il montre véritablement ce qui se cache généralement derrière ce que nous croyons être le « Bien », le gentil et le vertueux, c'est-à-dire exactement ce que Nietzsche fera plus tard.

Nietzsche, qui admirait La Rochefoucauld, s'inscrit dans cette tradition des grands moralistes français. Une des facettes les plus importantes de sa philosophie consiste à dévoiler au grand jour ce que les hommes dissimulent, souvent inconsciemment, derrière leurs grands principes, leurs grandes et nobles idées, leur morale, leurs idéaux et, surtout, derrière leurs *bons sentiments*. Sa critique de la philosophie occidentale passe essentiellement par un biais psychologique : c'est en montrant l'homme derrière l'idée, l'intention derrière la démonstration, l'instinct derrière l'affirmation, et, in fine, la volonté de puissance qui s'exprime sous les dehors désintéressés et apparemment purement intellectuels, que Nietzsche portera ses coups les plus pénétrants.

XI

Généalogie de la morale aristocratique

C'est dans *Généalogie de la Morale* que Nietzsche se fait tout particulièrement moraliste. L'origine des préjugés moraux est une question qui le préoccupe depuis longtemps : on en trouve déjà des traces dans la plupart de ses livres, en particulier Humain trop humain, Aurore et le Gai Savoir. Dans Généalogie, cette question est enfin abordée de front : d'où nous viennent nos croyances à propos du « Bien » et du « Mal » ?

Parce que ce sont des conventions, la plupart des gens ne s'interrogent jamais sur l'origine de nos valeurs morales, et encore moins sur la *valeur* de celles-ci. S'ils y réfléchissent, c'est pour généralement en conclure que le « Bien » a une valeur d'utilité pour la communauté, voire l'humanité, quand le « Mal » est ce qui les dessert. Ce qui est bon et bien, pense-t-on, c'est ce qui est utile et agréable à autrui. Ce qui est mal, c'est ce qui lui nuit. Mais en vérité, ce que l'on prend pour une intuition naturelle n'est qu'un préjugé, une idée qui s'est construite à travers le temps. Ces conceptions morales ont donc une *généalogie*, une histoire qui nous dévoile d'où elles viennent et comment elles se sont créées, une histoire qui peut nous montrer qui, originellement, les ont défendues et promues, et pourquoi, enfin, ces conceptions se sont imposées dans l'esprit de la majorité. Pour savoir et juger si nos conceptions du « Bien » et du « Mal » sont justes et vraies, encore faut-il remonter leur généalogie et tirer les fils de leur origine pour découvrir ce qu'elles signifient vraiment.

Concentrons-nous d'abord sur la conception classique du « Bien » et du « Mal », celle dont la population est communément convaincue et celle qui prévaut chez les penseurs anglo-américains utilitaristes et pragmatiques du XIXème siècle qui travaillèrent aussi sur la question. La croyance générale, nous l'avons-vu, est d'estimer que le « Bien », c'est ce qui bénéficie à l'autre, et que le jugement « ceci est bien» provient de ceux qui bénéficient de ce même bien. Nous croyons que c'est celui qui *reçoit*, le passif, qui *juge* et détermine ce qui est « Bien » ou « Mal ». Aidant quelqu'un en lui donnant, par exemple, de l'argent, c'est à lui d'émettre l'appréciation selon laquelle ce que je viens de faire est « Bien ». Décidant de le rouer de coups, c'est toujours lui qui peut estimer que mon comportement est alors « Mal ». À l'origine du « Bien » et du « Mal », nous aurions donc, dans les vues communes, la réaction naturelle et spontanée de celui qui reçoit, du bénéficiaire d'une action ou d'une parole qu'il déciderait de juger *a posteriori* comme « Bien » ou « Mal », en fonction des bienfaits et désavantages qu'il en aurait retiré.

Or, pour Nietzsche, c'est ici que se situe l'erreur primordiale. Ce n'est jamais le passif, celui qui reçoit, qui juge en premier, mais bien plutôt l'actif, celui qui donne. En premier lieu, c'est le dominant, c'est-à-dire celui qui agit, *qui a le pouvoir d'agir*, qui estime que ce qu'il fait ou dit, est le « Bien ». Et ceci change considérablement les choses.

Nietzsche commence d'abord par opérer une géniale distinction entre l'opposition « Bien » (ou « Bon »)/ »Mal » et l'opposition « Bien » (ou « Bon »)/mauvais. Il constate que, sémantiquement, ce que nous concevons comme positif, le « Bien », peut s'opposer à deux éléments négatifs qui ne traduisent pas la même chose. D'un point de vue éthique, nous n'avons donc qu'un seul nom générique pour qualifier le positif mais deux pour qualifier le négatif : le « Mal » et le « mauvais ». Or, cette particularité sémantique recouvre une réalité historique et morale très importante.

Afin de comprendre cette réalité morale qui se dissimule derrière la distinction « Bien/mal » et « Bien/mauvais », Nietzsche utilise des éléments historiques qui, s'ils sont avant tout illustratifs, sont parfaitement valables. Aux origines de l'humanité, nous pouvons très souvent observer des populations guerrières en faible nombre qui fondent sur des populations paysannes plus nombreuses, mais plus pacifiques, afin de les soumettre. Une fois les conquêtes réussies, les populations guerrières s'établissent généralement en castes dominantes, en aristocraties, pour régner sur les masses laborieuses. L'Histoire possède mille exemples pour illustrer ce phénomène[1] : à chaque fois, il est presque similaire, mon-

---

[1] Les Aryens en Inde soumettant les Dravidiens ; les Achéens, puis les Doriens, en Grèce, écrasant les ilotes ; les Celtes, soumettant toutes les populations autochtones et originelles d'Europe ; les Romains, régnant sur toutes les populations du bassin méditerranéen ; les Germains, créant les noblesses d'Occident, et dominant les masses paysannes pendant plus d'un millénaire ; les Arabes aussi, avec la

trant toujours une minorité de dominants et une majorité d'esclaves. D'ailleurs, nous pouvons facilement remarquer que même lorsque les hiérarchies au sein d'une société ne découlent pas originellement d'une conquête, celles-ci se créent naturellement, de sorte à presque toujours engendrer des sociétés et des civilisations dont les morphologies sont invariablement de forme pyramidale.

Ces dominants forment donc une classe de maîtres, d'aristocrates, de forts. Ils se battent, dirigent, bâtissent et profitent. Les civilisations leur doivent souvent les grandes impulsions qui leur donnent vie. Lorsque ces individus se trouvent en position de déterminer ce qui est le « Bien », ils appliquent nécessairement ce jugement moral à *ce qu'ils sont et à ce qu'ils font*. Parce qu'ils combattent, ce sont les valeurs viriles et martiales qui sont le « Bien » ; parce qu'ils dominent par la force, ils estiment que la force est le « Vrai » ; parce qu'ils risquent leur vie, c'est la compétition qui est pour eux digne d'être célébrée ; parce qu'ils sont orgueilleux, l'orgueil prime sur la fade modestie ; parce qu'ils doivent se tenir loin de la masse, c'est l'inégalité et la distinction qui sont consacrées par les dieux ; parce qu'ils sont moins nombreux, c'est la rareté, l'exceptionnel et l'éminent qui prévalent sur le troupeau, l'égalité et le commun. Les nobles s'autoproclament les justes, les véridiques, les beaux, les grands, et incarnent, à leurs propres yeux, le « Bien » dans toute sa splendeur.

---

conquête islamiste, s'établissant en caste guerrière dans tout le Moyen-Orient ; en Afrique également, avec les Touaregs par exemple, fondant régulièrement sur les masses pastorales et paysannes, etc.

Chez eux, c'est l'opposition « Bien/mauvais » qui règne seule. Le « Mal » est une notion qu'ils ne peuvent connaître, car ils estiment forcément que la nature est parfaite et dénuée de péchés – comment pourrait-il d'ailleurs en être autrement, puisqu'ils se considèrent fondamentalement comme des enfants parfaits de cette même nature ? Ils réussissent dans cette vie, elle leur est généreuse : ils ne peuvent donc que l'aimer. Il est presque impossible de détester sa mère si elle nous a correctement fait et nous a donné beaucoup d'amour. Et même s'il leur arrive d'échouer, ils persistent de juger la vie innocente, et c'est là tout le sens de la tragédie, laquelle ne rejette jamais la vie en soi, mais apprend au contraire à accepter, *quoiqu'il en soit,* son sort, son fatum, son destin. En revanche, la morale de ces aristocrates, si elle ne connaît pas le « Mal », reconnaît bien volontiers le *mauvais*, en négatif de ce qui est « Bon, Beau et Vrai », c'est à dire eux. Le mauvais, c'est forcément l'antithèse de ce qu'ils sont : si le « Bien » de la morale aristocratique est force, beauté, liberté, distinction, compétition, noblesse, prouesse, rareté, alors le mauvais, dans cette morale, c'est ce qui est médiocre, petit, laid, bas, populacier, impuissant, grégaire, commun, faible, et en grande quantité.

Chose à noter, les aristocrates n'ont pas de haine pour le mauvais ; ils ont, au pire, beaucoup de mépris. Si leur premier mouvement est généralement de tout faire pour se tenir éloigné de celui-ci, telle une engeance *intouchable*[1], il arrive aussi, régulièrement, et par abondance de force, qu'ils aient le désir d'aider ceux qui sont nés dans la faiblesse. Il y a dans le langage grec, par exemple,

---

[1] Et c'est ainsi que sont appelés les membres de la classe inférieure en Inde.

des mots qui ont des racines communes pour dire l'homme du commun, celui qui est pitoyable et faible, et l'homme malheureux. Du haut de leur grandeur, il leur arrive de juger les indigents avec indulgence et de faire preuve de compassion.

Pour Nietzsche, une illustration de ce type de morale aristocratique, instituée et même institutionnalisée, est le *Code de Manou* de la tradition hindoue, celui qui détermina pour chaque classe de la société indienne des droits et des devoirs différenciés.

Une question demeure à ce stade : si cette morale aristocratique était la morale antique, celle qui fut à l'origine des grandes civilisations et qui les accompagna jusqu'à leur apogée, que s'est-il donc passé pour que nous professions aujourd'hui *l'exacte contraire* d'une telle morale, et que nous la trouvions si odieuse, si *inhumaine* ? Comment les valeurs ont-elles pu se renverser à ce point ?

XII

La révolte des esclaves dans la morale

Si la morale aristocratique a été rejetée, et qu'elle représente pour nous l'inhumanité par excellence alors qu'on lui doit paradoxalement les plus honorables productions de l'humanité, c'est que les esclaves se sont révoltés *dans et avec* la morale.

Pour comprendre comment une telle chose a pu se produire, il faut d'abord se rappeler une vérité primordiale de la métaphysique de la Volonté de puissance, à savoir que tous les humains ont une volonté de puissance, laquelle les pousse à défendre et à promouvoir ce qu'ils sont (sauf en cas de corruption ou perversité mentales), et que les valeurs sont établies par ceux qui agissent, et non ceux qui reçoivent. Les créateurs de morales s'auto-attribuent le qualificatif de « Bien » en fonction de ce qu'ils sont.

À partir de là, il n'y a qu'à regarder ce qui existe à l'opposé de l'aristocrate pour deviner comment les valeurs ont été renversées, et pour quelles raisons.

Le faible, le misérable, le commun, l'homme qui est dominé, celui-là aussi a une volonté de puissance, puisqu'il a une volonté de vivre. Lui aussi *veut* la puissance, comme tout ce qui existe. Il recherche lui-aussi la domination, mais ne parvient tout simplement pas à l'obtenir dans une société régulée par une morale aristocratique. Il est trop mauvais pour triompher des forts. Il est même souvent trop lâche pour aller disputer la domination des aristocrates en se faisant lui-même un guerrier, puisque s'il devenait guerrier, il appartiendrait *de facto* à la classe guerrière et noble. Comment parvenir à la domination dans ces conditions ? Fatalement, il faut que le faible cherche d'autres moyens que ceux qui ont permis la supériorité des aristocrates s'il veut, lui aussi, le pouvoir. Pour ce faire, c'est très simple : il va chercher à inverser les valeurs, donc les critères de sélection des dominants.

S'il est le *mauvais* de la morale aristocratique, il faut qu'il élimine cette notion pour la remplacer par celle du « Mal », et s'autoproclamer le véritable « Bon ». Et c'est grâce au christianisme que ce tour de passe-passe finit par triompher.

Avec le christianisme primordial nous dit Nietzsche (celui des catacombes, opposé à celui qui, par la suite, deviendra solaire pour reprendre la distinction évolienne), une inversion totale des valeurs aristocratiques se fait jour. À cause de Paul de Tarse puis des pères de l'Église, et de théologiens comme Tertullien, c'est désormais le petit, le raté, le malade, l'handicapé, l'opprimé, l'humble, le souffrant – le discriminé ou l'oppressé, dirait-on aujourd'hui – qui se parent de la figure du « Bon » et du « Bien ». C'est eux qui siégeront à la droite de Dieu, quand les aristocrates, les puissants de ce monde, iront eux en Enfer. Dès lors, ce n'est plus le mauvais qui existe en négatif du « Bon », mais une nouvelle notion qu'ils inventent : le « Mal ». Avec cette inversion complète, c'est désormais tout ce qui était mauvais dans la morale aristocratique qui devient le « Bien » dans ce que Nietzsche appelle la morale des esclaves, et c'est tout ce qui était le Bon dans la morale aristocratique qui devient le « Mal » dans la morale des esclaves. Tout ce qui va à présent servir les faibles, dans leur quête de puissance, devient le « Bien, le Juste et le Vrai ». Tout ce qui peut leur nuire, tout ce qui peut encore représenter un danger pour eux, devient le « Mal ». Le maître aristocratique se transforme par conséquent en méchant : il est désormais permis de lui faire honte.

Ce que Nietzsche nous montre, c'est que ce que l'on prend aujourd'hui pour le « Bien » et le « Mal » *en soi* ont en vérité des histoires très humaines dévoilant des êtres qui créent et utilisent ces valeurs pour prendre le pouvoir et dominer, en fonction des moyens dont ils disposent.

Toutefois, la différence entre les deux morales, celle des forts et celle des faibles, est que les valeurs de l'aristocrates naissent de l'amour de soi et de l'exaltation de la vie, alors que la naissance des valeurs des faibles vient au contraire de la haine des autres et de la vie. Cette différence est de taille et a de sévères incidences sur l'avenir de l'humanité.

Le faible nourrit de la haine pour le fort qui lui est supérieur. Il éprouve du ressentiment et de la jalousie pour le noble, *l'heureux*, celui qui bénit la vie et la nature. Cette vie terrestre et naturelle a été injuste avec lui, alors il la dénigre, l'accable du péché originel, et finit par l'estimer fausse : si elle le fait souffrir, c'est qu'elle est frappée du signe du Démon, et si le Démon y règne, c'est qu'elle ne peut pas être le *vrai monde*, celui du bon Dieu, lequel doit être ailleurs, accessible après la mort. C'est ainsi que le Paradis chrétien est alors inventé.

Le processus psychologique qui conduit au dénigrement de la vie et à l'invention d'autres mondes se retrouve souvent à travers l'Histoire. Le communisme, par exemple, ne procède pas d'autre chose : le dominé acquiesce à l'idée que la société est oppressive et injuste (donc elle est le « Mal »), puis conclue qu'elle est de surcroît fausse, car remplie de contradictions (le capitalisme qui la fonde est condamné par ses contradictions internes dans la prophétie marxiste qui tire désormais sa prétention à la vérité non d'une révélation divine, mais de scientisme ; non de la théologie, mais de la dialectique[1]). Marx (tel un prophète) remarque ces contradictions (il annonce donc que ce monde est faux) et démontre que la société communiste est à venir (il annonce donc lui aussi le monde « vrai » et paradisiaque).

Nietzsche dévoile donc ce qui se cache généralement derrière la volonté d'autres mondes : le malaise, par faiblesse, avec celui qui nous est donné de vivre. Il s'agit, avant tout, d'une vengeance dissimulée : grâce à un monde projeté qui serait parfait, « Vrai » et « Bon », on légitime par conséquent la haine du monde terrestre et ceux qui y réussissent. Paradoxalement, c'est également un formidable moyen de prendre le pouvoir dans celui-ci. En agitant au dessus des têtes humaines un Paradis et un Enfer dont on aurait les clefs, on finit par les dominer. En revanche, utiliser un monde imaginaire pour triompher dans le vrai monde est un procédé nihiliste car il con-

[1] Les deux (théologie et dialectique) ont le grand avantage d'être incompréhensible au profane, condition essentielle pour l'impressionner et régner sur lui.

damne la vie par le truchement d'une invention, d'une abstraction, d'une pure construction de l'esprit.

Aujourd'hui, il faut admettre que cette critique nietzschéenne des arrières-mondes pour se venger du monde réel et prendre le pouvoir dans celui-ci, apparaît comme moins pertinente pour comprendre les phénomènes contemporains de la révolte des esclaves grâce à la morale. En effet, pour se venger de la vie, les êtres du ressentiment n'utilisent désormais plus, pour régner ici-bas, d'arrières-mondes comme la vie après la mort et comme le Paradis chrétien (dans lequel, comme par hasard, « les derniers seront les premiers »). Ils ne disent plus à ceux qu'ils considèrent comme étant les méchants (les « fachos ») qu'ils iront en Enfer s'ils continuent à ne pas les écouter (eux les doux, les pacifistes, les « républicains », les discriminés, les opprimés, etc.). Les êtres du ressentiment utilisent à présent d'autres méthodes : ce n'est plus par le christianisme que les esclaves se révoltent et dominent désormais. Ce n'est plus en utilisant le Christ qu'ils cherchent dorénavant à se venger. Le ressentiment s'est sécularisé depuis.

XIII

La vengeance déguisée

L'analyse nietzschéenne des processus psychologiques qui sous-tendent à la création et l'utilisation de la morale est d'une extrême importance aujourd'hui. Comprendre que, derrière les grands mots d'apparence généreuse comme « amour », « justice » ou encore « égalité », se cache en vérité une haine profonde, pleine de ressentiment et de désir de vengeance, permet de jeter un regard nouveau sur notre société. Des phénomènes comme l'antiracisme, le féminisme, le progressisme ou le socialisme, s'éclairent d'une lumière inédite : on comprend mieux, par exemple, l'extraordinaire intolérance des partisans de la tolérance, qui censurent, excluent et cherchent à condamner professionnellement tous ceux qu'ils considèrent comme les méchants, les ennemis du « Bien » ou du *politiquement correct*, exactement comme ils auraient, hier, condamné à la géhenne les ennemis de Dieu. Ce qu'ils appellent justice n'est jamais une justice objective, c'est juste la défense d'eux-mêmes en tant que type humain pour prendre le pouvoir sur ce qui leur est infiniment supérieur.

La grande vérité de l'âme humaine que Nietzsche découvre, c'est le désir de vengeance qui sommeille chez la plupart des hommes. Le malade veut se venger de sa maladie, le laid veut se venger de la laideur, le faible veut se venger de sa faiblesse, le souffrant veut se venger de sa souffrance, etc. Mais il faut à ces infortunés, qui représentent la majorité du genre humain, un coupable. Il s'agit là d'un processus psychologique évident : si le malade peut s'éviter de penser qu'il doit sa maladie à sa faiblesse, à sa mauvaise vie ou à son destin, mais qu'elle est *la faute de quelqu'un d'autre*, et en l'occurrence, de celui qui ose balader devant ses yeux sa grande et belle santé, alors ce malade sauvera son estime de lui-même, pourra enfin détourner les yeux de sa maladie, et fera de la haine, consécutive, sa meilleure essence, son plus *vital* carburant. Toutefois, haïr celui qui est sain et tenter de se consoler en s'imaginant être aimé de Dieu, ou grâce à l'idée, fort lucrative de nos jours, qu'on appartient au camp des victimes, ne fait pas disparaître le malaise fondamentale que l'être du ressentiment a avec le monde, et donc avec lui-même. Le malade qui parvient à tuer l'homme sain reste malade quand même. Il n'y a pas d'échappatoire, sinon morbide, aux partisans de la morale des esclaves. Ils parlent de justice sociale, d'égalité et de réparations, s'inventent des coupables qu'ils vont jusqu'à fantasmer au besoin, jouent de leur statut de victimes et « d'opprimés » pour faire pleurer dans les chaumières, mais fondamentalement, ce qu'ils cherchent à exorciser, c'est eux-mêmes, c'est leur mal-être, préalable et ontologique, duquel ils tirent un désir forcené de vengeance.

Cette façon de camoufler la vengeance sous de grands idéaux pleins de bonnes intentions est une arme extraordinaire contre les forts. Car les forts, psychologiquement, ont par nature la tendance à se faire corrompre par les grands idéaux d'apparence généreuse. L'immense vie qui est en eux les pousse à s'ouvrir, à être curieux, à compatir, et surtout, connaissant moins le mensonge et le vice, ils ont des difficultés à les reconnaître quand ceux-ci se présentent devant eux. Quand un représentant de la morale des esclaves tente de culpabiliser le fort, il peut arriver à ce dernier de réagir vivement : la persécution des chrétiens par les Romains en est un exemple historique. Mais très vite, les forts se laissent empoisonner par la morale, car ils n'ont aucune défense contre cette arme nouvelle. Ils finissent alors par sombrer dans la haine d'eux-mêmes et le masochisme, laissant dès lors à masse d'individus, que leurs ancêtres auraient écrasés immédiatement, la possibilité de prendre le pouvoir sur eux. Ce qui arrive aux Européens actuellement, qui portent la culpabilisation comme Hercule portait son cilice empoisonné, est l'illustration parfaite de ce phénomène.

Il ne faudrait toutefois pas penser, au prétexte que les faibles sont une majorité et que les forts sont en petit nombre, qu'il serait par conséquent plus juste que règne une morale qui fasse la part belle aux plus nombreux. La morale des esclaves n'élimine pas les esclaves, elle ne fait qu'éliminer les forts, les aristocrates et les bienheureux. Ceux qui utilisent cette morale à des fins terrestres et politiques n'abolissent jamais la domination, mais seulement les dominants qu'ils remplacent dans l'instant, souvent pour faire pire que leurs prédécesseurs, et toutes les révolutions de l'Histoire au nom de l'égalité sont là pour en témoigner. En revanche, triompher à l'aide d'une morale d'esclaves, et donc imposer à la société les valeurs qui en découlent, a de sérieuses conséquences sur le destin d'une civilisation. Lorsque celle-ci naît, se développe et atteint son apogée, elle respire l'air puissant d'une morale aristocratique ; quand elle dégénère et tombe, elle crache le nihilisme de la morale des esclaves. Une civilisation grandit nécessairement quand elle promeut la compétition, la force, la beauté, l'excellence, la distinction et la noblesse sous toutes ses formes, et entre naturellement en décadence lorsque, inversant ses valeurs, elle finit par favoriser l'exact contraire de ce qui augmente et perfectionne sa force.

XIV

Qui cherche à triompher ?

La révolution nietzschéenne en matière de philosophie est de nous apprendre que derrière chaque idée, chaque idéalisme, chaque valeur et chaque morale, il y a un être humain, une psychologie, *un type d'être humain*, qui cherche à triompher. Toute proposition intellectuelle est une tentative de prise de pouvoir, un moyen utilisé, un *pro domo* existentiel. Avant de savoir si une idée est « vraie », ou « juste », ou « bonne », il faut d'abord se demander *qui* elle sert, *quels* instincts elle favorise et de quelle volonté de puissance elle découle. La vérité, dans la métaphysique nietzschéenne, n'a pas de valeur absolue. C'est ce que Heidegger, plus tard, appellera la subjectivité de l'étant : la seule vérité de l'Être est, fondamentalement, la multiplicité des subjectivités de ce qui existe.

Nous sommes tous déterminés par la subjectivité qu'induit notre volonté de puissance, laquelle nous pousse à créer ou à sélectionner les valeurs et les idées qui *nous* arrangent, entendu que tout ce que notre cerveau produit en termes d'idées, de représentations et de jugements, n'est en réalité que des tentatives de justifications, *a posteriori*, de ce que l'on est, afin de nous faire, *in fine*, triompher. Les progrès de la biologie nous permettent aujourd'hui de certifier cette vérité nietzschéenne : « le cerveau humain veut la victoire, pas la vérité » écrit par exemple le chercheur en biologie évolutionniste Robert Wright. La vérité et la « justice » épousent souvent les intérêts de ceux qui en parlent. Seuls quelques rares esprits, en vertu de physiologies et de psychologies complexes, peuvent se hisser à quelques élévations leur permettant d'atteindre ce qu'il est convenu d'appeler « l'objectivité ». En général, c'est la biologie qui continue de parler à travers l'intellect, et celle-ci, par l'intermédiaire des gènes, veut essentiellement survivre et se reproduire. Les chrétiens et les progressistes se ressemblent en cela qu'ils détachent le cerveau du corps, ayant sur cette question des positions dualistes quasiment similaires. Pour les uns, c'est l'âme qui parle en lieu et place de la matière, et pour les autres, c'est la « culture », qui ne doit rien à voir avec la nature et la génétique. Nietzsche est le premier penseur d'envergure à penser *après* Darwin, il fait de l'esprit une continuation du corps, voire *un argument* du corps, lequel veut survivre et se développer. Tout ce que produit l'esprit d'un homme cherche donc, sauf en cas de perversion ou de corruption mentales, à favoriser la survie et le développement de l'homme en question.

Mais un problème se fait rapidement jour suite à l'affirmation que toutes les idées que nous adoptons servent nos intérêts vitaux : outre le fait qu'il soit possible de se tromper, et donc de compromettre ses intérêts par une erreur de jugement, il apparaît également que de nombreuses personnes, voire même des civilisations entières (comme la nôtre actuellement), sont capables d'adopter des idées, des valeurs et une morale qui les condamnent, qui jouent contre leurs intérêts, contrevenant gravement à tout ce qui favorise leur survie, leur développement et leur reproduction. Il arrive régulièrement que des individus choisissent en conscience de se suicider, de ne pas se reproduire ou de laisser la puissance des autres s'exercer sur eux, abandonnant volontiers la leur sous de prétextes naïfs ou masochistes.

Comment une telle chose est-elle possible ? Comment un tel phénomène peut-il exister dans le périmètre d'une métaphysique nietzschéenne de la subjectivité de l'étant ? Si tout est fondé à posséder une volonté de puissance, et donc à défendre ses intérêts, comment est-il possible que tant d'êtres semblent abdiquer et même trouver plaisir à leur propre anéantissement ? Par quelle magie les forts peuvent-ils finir par embrasser la morale des faibles, qui leur est si défavorable, et même aller jusqu'à la promouvoir contre leurs propres intérêts ? Comment un aristocrate peut-il tomber à genoux devant un eunuque au prétexte que celui-ci agite devant lui de grands idéaux, c'est-à-dire de pures constructions intellectuelles (hier la théologie, aujourd'hui les sciences sociales) ? Comment un peuple tout entier peut-il finir par communier dans la religion de l'Autre et vouloir si farouchement se faire remplacer ?

C'est parce que, nous dit Nietzsche, la morale est une force corruptrice sans égale.

XV

La corruption par la moraline

Par « morale », il faut se garder d'entendre ce qui concerne la vie du quotidien et les règles qui régissent les comportements sociaux. Ces usages et convenances ordinaires appartiennent à l'anthropologie et l'organisation normale de n'importe quelle société, permettant, par leur existence, la vie en commun. C'est grâce à ces règles que les hommes deviennent prévisibles les uns envers les autres, prévisibilité essentielle à l'instauration d'une communauté. Par morale, et pis encore, par *moraline*, Nietzsche n'entend pas du tout ce que l'on pourrait résumer par « mœurs sociales ».

La morale, dans le vocabulaire nietzschéen, c'est la morale avec un grand M. C'est ce qu'on appelle la moraline. Ce sont les grands sermons sur le « Bien » et sur le « Mal » qui sont souvent, précisément, assez éloignés de la vie du quotidien. Ce sont les grandes valeurs, les grands principes, les grands idéaux, dont l'objet principal est de nous faire culpabiliser d'une manière ou d'une autre. C'est quand Bernard Henri Lévy vient sur un plateau de télévision pour nous expliquer, avec force trémolos dans la voix, qu'il faut bombarder la Libye car il est *moral* de soi-disant sauver un peuple et des petits enfants. C'est quand n'importe quelle célébrité veut nous convaincre, dans les médias, que nous avons un devoir *moral* à accueillir les réfugiés, au nom du nouveau Dieu qu'on appelle « Humanité ». C'est lorsque des cours de tolérance obligatoire, envers tout et n'importe quoi, viennent jusque dans les écoles primaires pour prêcher la bonne parole. C'est quand les journalistes et les politiques miment l'air indigné à l'écoute d'une parole politiquement incorrect sur un plateau de télévision. Et c'est aussi, surtout, les tonnes de culpabilisation envoyées à la face des Européens dans leurs manuels d'Histoire, dans les films et les séries qu'ils regardent, dans les livres qu'on leur donne à lire à l'école et à l'université, dans lesquels tout est fait pour bien faire entrer dans la tête de l'homme blanc qu'il est le coupable ontologique, le mal absolu, le méchant de l'Histoire, car il a contrevenu à la *morale* en colonisant, en oppressant la femme, en ayant adhéré au fascisme, et que sais-je encore.

Notre époque en sait quelque chose en termes de morale, car nous sommes aujourd'hui totalement environnés par elle ; la moraline coule par tous les pores de la postmodernité. Il y avait sans doute, au Moyen Âge, des Savonarole, des prêtres zélés obsédés par la question sexuelle et prêts à jeter au feu tous ceux qu'ils pouvaient suspecter alors de stupre et de concupiscence, mais nous avons les mêmes aujourd'hui, excités par d'autres obsessions, comme la question raciale par exemple, le féminisme, l'égalitarisme, etc. Ces nouveaux prêtres sont, comme les anciens et peut-être même davantage, prêts à sanctionner, à punir et à censurer, s'ils entendent ou lisent des idées qui dépassent le cadre *moral* étriqué qui est le leur et qu'ils veulent voir imposé partout. Les pires Torquemada de la morale, remplis de fiel et de désir de vengeance, agissent toujours au nom du Bien souverain, qu'ils renomment volontiers aujourd'hui « valeurs », notamment « républicaines », ou « démocratiques », ou « libérales », ou encore « humanistes ». Ces prêtres de la morale sont ce que Nietzsche, dans son Zarathoustra, appelle les *tarentules* : elles mordent et injectent dans leur proie un venin moral dont l'objectif est, comme dans le mythe de l'araignée de Tarente, de la plonger dans un état de profonde léthargie conduisant à la mort.

Mais comment ce *venin moral* peut-il monter jusqu'au cœur des plus braves, et corrompre jusqu'aux plus forts et aux plus sains ? Pire encore, pourquoi tant d'hommes finissent par aimer en eux le poison capiteux de la morale, même si celui-ci les tue à petit feu, comme s'il y avait quelques voluptés cachées et perverses dans le suicide, à condition que la route qui y conduise soit pavée de bonnes intentions ?

XVI

La cruauté retournée contre soi

L'une des raisons de cet étrange phénomène – la corruption par la morale, c'est-à-dire, simplement, *son adoption* – s'explique par la cruauté que l'homme peut retourner contre lui-même. Dans la deuxième partie de Généalogie de la morale, Nietzsche met à jour les causes psychologiques de ce que l'on appelle la mauvaise conscience. Sa réflexion part d'une vérité simple mais terrible à entendre : les hommes aimeraient tous, fondamentalement, faire souffrir autrui, se montrer cruel envers les autres, afin de faire preuve de leur puissance, laquelle veut, comme on l'a vu, s'étendre constamment. « Voir souffrir fait du bien, nous dit Nietzsche, *faire souffrir plus de bien encore* ». Nous aimons critiquer les autres, les voir échouer, leur mettre des bâtons dans les roues, et plus encore, nous aimons les jeux du cirque, ou, à l'heure actuelle, les films d'action, les films « gores », les jeux vidéos dans lesquels on tue sans remord, jouissant d'une liberté totale pour écraser ses concurrents. La plupart des fêtes nationales ou religieuses sont très souvent des célébrations de bains de sang : la fête juive de Pourim, par exemple, est la célébration d'un massacre des ennemis du peuple hébreux. Idem pour la plupart de nos fêtes nationales : nous célébrons collectivement le sang versé. De la même manière, nous aimons les châtiments : les mises à mort, dans tous les pays, sont toujours des spectacles. En France, les anciennes décapitations à la guillotine étaient toujours le prétexte à un attroupement. Nous pourrions dire que nous avons le sang dans le sang, et que nous aimons cela. Cette attitude et ces dilections viennent de nos instincts primordiaux, forgés par l'état de nature dans lequel l'homme a vécu la majeure partie de son existence. Chez les chasseurs cueilleurs, on tue non seulement pendant la chasse, pour survivre, mais on se tue aussi entre hommes. Les chercheurs Daly et Wilson ont montré qu'environ un homme sur trois était tué à chaque génération, en particulier dans le cadre de la compétition sexuelle. Encore aujourd'hui, chez les indiens Yanomani, rare population de chasseurs cueilleurs qui demeure, environ deux hommes sur cinq participent à *au moins* un meurtre dans la tribu. Il se peut que l'homme ait vécu de la sorte pendant plusieurs centaines de milliers d'années, nous programmant dès lors à être fatalement violents[1].

---

[1] Il ne faut pas être prompt à juger cette histoire comme étant honteuse, car si l'évolution a sélectionné en nous ce désir pour la violence, c'est qu'elle favorisait une condition essentielle de survie. Sans cette survie qui doit tant à notre violence, nous n'aurions pas pu nous développer et bâtir des civilisations. Sans cette violence, sans ce *goût* pour celle-ci, l'humanité aurait disparu ou n'aurait pas assez subi de pression sélective pour progresser. Pas plus qu'on reproche au chat d'aimer jouer avec les oiseaux, souvent cruellement, on ne peut pas reprocher à l'homme d'avoir cultivé en lui cet dilection pour le sang des autres, qui seul lui permettait de ne pas perdre le sien, et de le perfectionner.

Or, que se passe-t-il quand des millénaires d'instincts accumulés et aiguisés ne peuvent subitement plus s'exprimer ? Pendant des milliers (voire des millions) d'années, l'homme a vécu dans l'état de nature qui l'a forgé, et le voilà brutalement obligé de vivre au milieu d'une société pacifiée, civilisée et raffinée, rendant dès lors impossible la manifestation *en l'état* des instincts qui, jusqu'alors, l'avaient si bien servi. Disparaissent-ils pour autant, ces instincts et ce goût du sang ? S'évanouissent-ils dans l'instant ? Non, nous dit Nietzsche, ils s'orientent simplement différemment : ce qui ne peut plus sortir se retourne contre soi. Tous les instincts qui ne se libèrent pas vers l'extérieur se retournent vers le dedans. Et c'est ainsi que naît la mauvaise conscience, que naît la culpabilité, le masochisme et le désir oblatif de moraline, même et surtout si celle-ci compromet nos intérêts vitaux.

L'homme, contraint de vivre en communauté complexe et relativement pacifiée, finit donc par vouloir se harceler lui-même, se déchirer, se blesser, se maltraiter, tel un animal sauvage qui se jette désespérément sur les barreaux de sa cage. Mais l'homme, après des millénaires d'auto-captivité communautaire, finit par prendre de plus en plus de plaisir à cette violence retournée ; grâce à elle, il peut toujours jouir de la volupté de faire du mal, même si c'est à son encontre.

Prenons l'exemple des Européens actuels pour comprendre ce phénomène. Après avoir déchainé une violence absurde pendant les deux guerres mondiales, ils se déchainent désormais contre eux-mêmes à travers un ethno-masochisme qui n'a pas de précédant dans l'Histoire. C'est presque le même instinct de cruauté, selon Nietzsche, qui présidait hier à la volonté guerrière d'un farouche soldat européen, et qui préside aujourd'hui au moralisme absolu d'un gauchiste. L'orientation seule de la cruauté diffère.

Est-ce pour autant un progrès ? Est-il plus civilisé d'encourager la violence contre soi plutôt que celle contre autrui ? Jusqu'à une certaine limite, oui. La civilisation est hélas à ce prix. Mais Nietzsche nous met en garde contre une funeste conséquence de ce phénomène : parce qu'il procède d'une perversion de nos instincts (perversion au sens qu'ils sont utilisés *à l'inverse* de ce pour quoi ils ont été naturellement faits), ils entrainent nécessairement le nihilisme, lequel mène progressivement au suicide. S'il est aussi possible que, peut-être, cette perversion nous rende moins *méchant*, il est en revanche à craindre qu'elle nous rende, en retour, plus *mauvais*. Et il n'est pas certain au final que l'humanité y gagne...

XVII

L'Idéalisme et la Raison contre la Vie

Une autre façon, complémentaire, de comprendre la force de la morale sur des natures supérieures, se révèle pour Nietzsche dans la capacité de l'esprit humain à s'identifier, par *idéalisme*, à des choses abstraites, et ainsi rompre avec le corps.

Nous avons quantité d'exemples nous montrant des hommes préférer leurs valeurs et leurs croyances à leurs intérêts vitaux. Les anachorètes du désert qui se laissent mourir de faim et n'ont pas de descendance sont convaincus de servir les intérêts de Dieu. Les Européens qui, par humanisme, se laissent envahir par des dizaines de millions d'immigrés, le font au nom de leurs « valeurs », et même si beaucoup peuvent avoir conscience du péril éventuel, très peu sont prêts à réagir, de peur de contrevenir à la morale humaniste en vigueur. En somme, il est tout à fait possible d'avoir la conscience aigue de la nuisibilité d'un comportement ou d'une idée pour sa vie, mais l'adopter quand même en raison d'abstractions.

Albert Camus eut une réflexion qui fit scandale dans la gauche morale de son époque. Pendant la guerre d'Algérie, alors que toute la gauche prenait le parti du FLN et des mouvements indépendantistes, au nom de la morale, au nom de « l'Histoire », Camus, dont la mère était à Alger et vivait donc sous la menace du terrorisme alors employé par les Algériens, déclara que : « entre sa mère et l'Histoire (entendez aussi « la morale »), je choisirai toujours ma mère », signifiant par là qu'entre une idée abstraite du « Bien » et la réalité vitale, subjective et concrète, incarnée alors par sa mère, sa conscience devait suivre le même mouvement que celui de ses gènes.

Or, beaucoup de gens sont manifestement capables de préférer, au moins symboliquement, la morale à leur mère. Comment est-ce possible ? Ces gens sont-ils dénués de volonté de puissance, laquelle devrait normalement les pousser à ne vouloir défendre et promouvoir que ce qu'ils sont *réellement* ? En vérité nous montre Nietzsche, la volonté de puissance des ces individus s'intellectualise, elle *s'idéalise* : finissant dès lors par s'identifier à des abstractions et à prendre fait et cause pour elles. Leur être finit par devenir quasiment pure idéalité, rejetant peu à peu tout ce qui les fonde dans le réel, tout ce qui les définit concrètement et matériellement, de sorte à ce que leur volonté de puissance ne soit plus corrélée à leur corps, mais désormais à des « idées » ou des « valeurs » théoriques. Celles-ci peuvent dévorer leur corps : les hommes sont capables de bestialité de l'idée, nous dit Nietzsche, ils peuvent inventer n'importe quelle idée contre nature, contre instinctive, contre intuitive, s'ils sont empêchés d'une façon ou d'une autre d'être des bêtes de l'action.

Le désoeuvrement du corps et sa nécrose peuvent encore amplifier la dictature d'un intellect corrompu et délirant. Plus le corps est faible, plus l'Idée le domine, et plus elle le domine, plus elle l'affaiblit. Par conséquent, la volonté de puissance anime désormais non plus un corps, mais une idée, une morale, des valeurs, et c'est aussi la raison pour laquelle l'homme, qui se laisse crever de sa propre moraline idéelle, fera souvent tout pour qu'autrui en crève aussi : nourrie par une volonté de puissance déviée de son but originel, celle-ci devient prosélyte, agressive, prêcheuse, donnant de la condamnation morale comme on donne du canon.

Ce qui se passe à échelle humaine peut aussi prendre une échelle communautaire. Pour prendre un exemple, ce symptôme, profondément nihiliste (parce que son objet détruit la vie réel), se déploie parfaitement dans l'Union Européenne actuelle. Celle-ci refuse catégoriquement de se définir et de s'identifier à l'aide d'éléments concrets et réels. L'article 2 du Traité sur l'Union Européenne est parlant à cet égard.[1] Autrement dit, l'identité de l'Europe tient toute entière dans des valeurs, de la morale et des principes abstraits. C'est l'exemple typique de l'oubli du corps, de la réalité et du vrai ; c'est le transfert de sa propre subjectivité dans celle d'un Esprit désincarné, dans l'abstrait et dans le faux. Ceci est un symptôme nihiliste par excellence, car, se faisant, le corps (ce qui existe « pour de vrai ») est déprécié et abandonné. L'Europe

---

[1] *« L'Union est fondée sur les valeurs de respect de la dignité humaine, de liberté, de démocratie, d'égalité, de l'Etat de droit, ainsi que de respect des droits de l'homme, y compris des droits des personnes appartenant à des minorités. Ces valeurs sont communes aux États membres dans une société caractérisée par le pluralisme, la non-discrimination, la tolérance, la justice, la solidarité et l'égalité entre les femmes et les hommes. »* En somme, l'UE reconnaît qu'elle n'est rien de concret, et donc, de *réel*.

actuelle est entrée dans « la bestialité de l'Idée », pour reprendre l'expression nietzschéenne, et cette bestialité dévore par nature ce qui existe concrètement, c'est-à-dire ses nations, ses peuples et son identité charnelle.

Cette bestialité de l'Idée, et donc de la morale, est aussi rendue possible par la séduction qu'opère la Raison sur les grands esprits. La pure intellectualité raisonnante peut finir par faire perdre tout sens des réalités. Pour Nietzsche, ce phénomène prend corps avec Socrate, lequel représente le problème originel et fondamental de la philosophie occidentale. Contrairement à ce que l'on croit et à ce que l'on nous apprend généralement, Socrate ne représente pas l'apogée de la philosophie grecque pour Nietzsche, mais bien au contraire le début de sa décadence, le symptôme de son pourrissement. Les présocratiques comme Parménide et Héraclite, dont il nous reste que quelques fragments, furent sans doute beaucoup plus brillants, beaucoup plus *hellènes*, que l'homme qui fut condamné par Athènes pour corruption de la jeunesse. Pourquoi ? Car il est le premier à avoir posé l'équation bonheur = raison = vertu, et avoir fait de la Raison un objectif noble à poursuivre. Cette équation est une escroquerie pour Nietzsche. Tant que la vie est sur une courbe ascendante, bonheur = instinct écrit-il. Ce n'est pas la Raison qui a permis à Rome de devenir impériale, qui a poussé les troubadours à créer le *fin amor*, qui a poussé Louis XIV à fonder Versailles, ou qui a fait sortir Napoléon de Corse pour conquérir le monde, ou qui a donné la force à Balzac de finir sa Comédie humaine. C'est l'instinct, la volonté de puissance, et donc de vie : c'est quelque chose de profondément animal. Qu'a fait, en vérité, la Raison ? Elle a été utilisée par des Socrate, (lequel n'était peut-être pas totalement grec, mais plutôt un étranger ou un métis, nous précise Nietzsche malicieusement) afin de prendre le dessus sur les aristocrates, les vrais détenteurs de l'esprit grec qui fit la grandeur de l'Hellade. Par la dialectique, c'est-à-dire l'arme de la Raison, Socrate obligea les forts à se remettre en question, à devoir prouver le *pourquoi* de leur existence. Mais ce qui doit être prouvé n'a que peu de valeur nous dit Nietzsche... Il n'y a que ce qui est coupable qui a besoin de se justifier. Pousser les forts, ainsi que la vie, à devoir se justifier, c'est déjà les culpabiliser.

Faisant de la Raison l'objectif principal d'un esprit intelligent et civilisé, Socrate a damé la route à toutes les futures idées et constructions purement intellectuelles, qu'elles soient morales, idéologiques et religieuses, qui jalonneront l'Histoire et qui seront, paradoxalement, absolument déraisonnables, ne s'étant que trop éloignées des réalités concrètes et vitales. Par la Raison, c'est-à-dire l'usage exclusif de la machine raisonnante pour trouver la vérité, et l'équation mensongère de celle-ci avec le « Bien », les plus nobles âmes ont pu se faire corrompre par la morale, laquelle devint toujours de plus en plus estimable à leurs yeux, à mesure, *précisément*, où elle s'éloignait toujours davantage de la réalité en complexifiant et en emberlificotant ses ressorts. Pour exemple, plus la théologie chrétienne devint abstraite et byzantine, plus elle put séduire les esprits forts (Nietzsche prend l'exemple du philosophe Pascal) à cause de la valorisation de la Raison. Aujourd'hui, les théories les plus farfelues des sciences sociales impressionnent non pas *en dépit* de leur caractère abscons, mais bien *en vertu* de celui-ci. Et ils s'appellent les raisonnables...

En somme, l'identification de soi à des éléments purement abstraits, élaborés par la seule Raison auquel on voue un culte depuis Socrate, et qui a pris un visage totalitaire depuis les Lumières, déshumanise profondément l'homme et risque bien de le conduire à son propre anéantissement.

XVIII

Nihilisme de l'homme sans Dieu

Corrompus par la moraline, la Raison et les abstractions, les Européens respirent toujours davantage un éther nihiliste et destructeur ; devenus décadents, ils se précipitent implacablement vers leur mort. Le « nihilisme » est un terme que Nietzsche emprunte à son contemporain français Paul Bourget (1852-1935), un écrivain qui travaille sur la notion de décadence et dont les œuvres s'illustrent par des développements psychologiques très poussés.

Le *nihilisme*, c'est la volonté du rien, car l'homme préfère toujours vouloir le rien plutôt que de ne rien vouloir nous dit Nietzsche. C'est la disparition des valeurs supérieures, des valeurs aristocratiques ; c'est l'oubli du corps, le détournement des instincts ; c'est la haine de la vie et de la réalité ; c'est la victoire des abstractions et des idéalités morales ; c'est le pourrissement interne suite à une cruauté qui s'exerce contre soi-même par la culpabilité et le masochisme ; c'est le ressentiment et la haine de la puissance ; c'est, enfin, la volonté de vengeance au nom de l'amour, de la justice et de l'égalité, pour au final vouloir surtout tout niveler donc tout détruire. C'est, d'une manière générale, tout ce qui ramène l'homme à la plus vile médiocrité et qui fait cesser l'évolution des civilisations. C'est le symptôme inquiétant de ce qui arrive à l'Europe.

Toute l'œuvre de Nietzsche est préoccupée par la civilisation européenne. C'est en Europe, écrit-il dans une de ses lettres, qu'il y a les plus belles et les plus utiles bibliothèques : c'est pour lui le lieu du savoir dans le monde. Or, la civilisation européenne risque la ruine et l'effondrement. C'est en tous cas ce qu'il prévoit : il voit venir les deux guerres mondiales, ayant même la prescience de prédire jusqu'à leurs motifs respectifs. Il voit poindre d'abord une grande guerre qui sera menée par les nationalismes, puis une seconde au nom des grands principes idéologiques. Puis, après ces deux grandes guerres, il voit une Europe léthargique se mettre en place, las d'elle-même et profondément nihiliste.

En réalité, le principal problème de l'Europe que Nietzsche perçoit, c'est justement la mort de Dieu. Cette dernière – c'est-à-dire l'affaiblissement de la religion chrétienne dans les consciences – laisse l'Europe et les Européens foncièrement orphelins. La science, qui a une grande responsabilité dans la mort de Dieu, a pendant longtemps caressé l'idée de parvenir à devenir une autre religion remplaçant la religion chrétienne. De Robespierre et son culte de la Raison à Auguste Comte et son positivisme, ils ont tous essayé de se substituer à la religion du Christ. Toutefois, Nietzsche remarque que cette science – ou plutôt ces prétentions scientistes – n'est pas en mesure de créer de nouvelles valeurs véritablement capables à la fois de nourrir les hommes spirituellement et de les organiser durablement.

Pire encore, Nietzsche s'aperçoit que la civilisation européenne, tout en se débarrassant de l'Église, conserve cependant ce qu'il y a de pire dans le christianisme, c'est-à-dire sa moraline émolliente. En somme, l'Européen athée se débarrasse de tout ce qui est utile et noble dans la religion pour n'en garder que ce qui l'affaiblit. Il veut désormais l'alcool sans le bon goût raffiné du vin : il ne croit plus en Christ, mais pense toujours qu'il soit meilleur de tendre l'autre joue, de se montrer tolérant, aimant, de faire preuve de compassion, de pitié, de vouloir l'égalité, de se sentir coupable, d'être masochiste, d'aimer son prochain plus que soi-même, de refuser le corps pour privilégier ce qu'il croit être *l'Esprit*, etc. L'Européen ne croit plus au ciel, mais sécularise les valeurs des esclaves amenées sur son continent par le christianisme primitif, laissant ainsi libre cours à ce que Chesterton appellera plus tard « les idées chrétiennes devenues folles ».

Joseph de Maistre avait déjà vu que les Évangiles sans les dogmes pouvaient devenir un poison, selon sa propre formule. Or, ce poison coule désormais dans nos veines : c'est ce que Nietzsche dénonce déjà dans la modernité qu'il voit se mettre en place, et plus encore dans la postmodernité qu'il pressent. Cependant, Nietzsche reconnaît au christianisme d'avoir quelque peu empêché les faibles et les pauvres de ne pas sombrer dans le nihilisme le plus complet, en leur donnant l'espoir d'être enfin quelque chose au Paradis, et donc de les retenir d'exprimer leur ressentiment destructeur directement sur la Terre. Le christianisme entretînt l'idée qu'ils pussent obtenir la satisfaction, la « justice », c'est-à-dire leur vengeance, au Paradis. « C'est à moi qu'appartient la vengeance, dit le Seigneur, c'est moi qui donnerait à chacun ce qu'il mérite » lit-on dans la Bible. Désormais, l'Europe et l'Occident sont remplis d'êtres du ressentiment qui n'ont hélas plus le secours du ciel pour s'apaiser : c'est la raison pour laquelle les nihilistes s'y multiplient. Un *Social Justice Warrior* disgracieux, frustré, profondément malade, aurait été à toutes les messes du dimanche il y a encore quelques siècles. Sa haine de lui-même et du monde aurait trouvée une échappatoire dans les grâces de la religion compatissante du Christ. Aujourd'hui, il se déchaine contre sa civilisation dans l'espoir illusoire de pouvoir obtenir un paradis progressiste *ici et maintenant* – un *safe space* en somme, un endroit où il sera accepté et aimé *comme il est*, exactement ce que Dieu promettait jadis dans l'Eden retrouvé.

En définitive, l'Europe et l'Occident conservent les valeurs des esclaves qu'ils convertissent en humanisme abstrait, sans la beauté et la force de la religion pour les soutenir et, surtout, pour les justifier. Les êtres du ressentiment existent toujours autant, mais ils n'ont plus la religion pour épancher leur ressentiment et leur désir de vengeance, les retournant donc contre le monde actuel, cherchant dès lors à tout détruire, en particulier ce qui est beau, sain, classique, traditionnel et grand, c'est-à-dire tout ce qui leur renvoie l'image de leur propre médiocrité. En conséquence, la civilisation européenne traverse une crise immense de perte de sens depuis qu'elle n'est plus chrétienne. La science n'est qu'un succédané de mauvaise qualité : Malraux écriera plus tard qu'il ne sert effectivement à rien de pouvoir aller sur la Lune si c'est pour s'y suicider. Or se suicider, c'est exactement ce qu'est en train de faire la civilisation européenne pour Nietzsche.

XIX

La décadence de l'Europe et le dernier homme

Nietzsche voit la décadence de l'Europe à travers différents symptômes qui, comme souvent, deviennent également des causes tant, comme dans un cercle vicieux, les symptômes du pourrissement accélèrent consécutivement tout pourrissement. Un individu *décadent*, au sens que Nietzsche donne à cet adjectif, est à la fois un symptôme et une cause de la décadence générale ; c'est à la fois une victime du nihilisme, mais aussi son agent aggravateur.

Parmi ces symptômes de décadence, nous l'avons déjà vu, la moraline trône au dessus de tous les autres. On a plus de chance de devenir moral quand on est vieux et malade, quand le corps s'affaiblit et répond moins, ou quand il nous fait trop souffrir. Ce n'est donc pas un signe particulier d'intelligence, c'est juste un signe de fatigue et d'accablement ; c'est ce que les romains appelaient le *taedium vitae*, c'est-à-dire la grande lassitude de vivre menant irrémédiablement au suicide. La civilisation européenne toute morale sortie des entrailles sanguinolentes des deux guerres mondiales est attachée à ses « valeurs humanistes » en vertu de sa fatigue et de sa lassitude d'elle-même. Il faut de la force et de la jeunesse en soi pour être intolérant, pour dire *non*, pour poursuivre un idéal de grandeur et vouloir affronter le monde qui nous entoure. Sans cette force et sans cette jeunesse, on ne veut plus affronter le monde, on veut l'accepter ; pire encore, on accepte que celui-ci nous pénètre.

Un autre symptôme de décadence – et qui est donc aussi, dans le même temps, une de ses causes – est ce que Nietzsche appelle la *bouddhisation* de l'esprit européen. Réfléchissant sur la philosophie du Bouddha, il juge que celle-ci est une sorte de christianisme apaisé, c'est-à-dire une mise en garde contre le monde sans la vengeance des esclaves qui a présidé à sa création. Le bouddhisme est essentiellement une peur de souffrir, conséquence d'une trop grande attention portée à la douleur ; le salut qu'il propose s'obtient par un désintérêt pour le monde, par un retrait volontaire suivi d'un assoupissement des sens. C'est l'esprit postchrétien que voit Nietzsche apparaître peu à peu en Europe : un état d'esprit réduisant tous les problèmes à des questions de douleurs et de plaisirs pour des êtres dépouillés de passion, n'aspirant qu'au calme, à la petite besogne, à la petite vertu, à la modération, au petit travail, au petit salaire, au bon lit, à la petite santé, pensant tout en termes de droits individuels et de recherche médiocre de bonheur. Les aristocrates et les forts n'ont que faire du bonheur nous dit le Zarathoustra nietzschéen, seuls comptent leur œuvre et leur destin. La mentalité « petite-bourgeoise » d'individus aux instincts domestiqués professant une sorte de bouddhisme appauvri, constitue la masse de nos sociétés contemporaines. Ces individus sont les derniers hommes, les plus décadents d'entre tous.

Un autre symptôme de décadence est, paradoxalement, le contraire d'une croyance absolue en certaines grandes valeurs ou grandes idées. C'est le relativisme et l'athéisme. A priori, cela pourrait paraître étrange tant Nietzsche critique, on l'a vu, les fondements et les ressorts psychologiques de la religion et des constructions purement intellectuelles, dont les idéaux moraux. Mais l'athéisme et le relativisme absolu des Européens, ceux qui font cligner des yeux, ne plus croire en rien et se gausser de tout, procèdent aussi d'une lassitude de vivre. L'aboulie de la volonté et l'aquoibonisme de nos contemporains, haussant les épaules et refusant tout engagement – c'est-à-dire en somme, *tout conflit* – sont des décadences en miroirs de celle du fanatisme et de celle des tarentules folles de la moraline. Ces deux types d'humanité, le Torquemada fanatique et le zombie, procèdent tous deux du nihilisme et l'encouragent, car ils ont en commun la haine de la vie réelle et la volonté inconsciente d'en finir.

La manifestation la plus évidente de la décadence de l'Europe est politique. « Ce qui est attaqué de nos jours, écrit Nietzsche, c'est la tradition, c'est l'instinct et la volonté de persister dans la tradition » desquels résultent une désorganisation et une anarchie latente qui couve sous les institutions modernes. La tradition et l'esprit classique représentent ce que l'humanité a pu atteindre de plus haut grâce à une longue sagesse emmagasinée, une volonté tendue à travers les siècles qui a permis non pas la perfection, celle-ci étant inatteignable, mais l'affinage le plus précis, le plus proche de ce que l'humanité peut obtenir de meilleur. Le classique, définit Nietzsche, c'est ce qui est encore sain. Les formes politiques classiques naissent des instincts de cohésion, de hiérarchie et d'autorité qui sont essentiels à la civilisation. À l'inverse écrit-il, nous n'aimons plus en politique que ce qui hâte la décomposition : la démocratie et le socialisme. Ce sont les formes les plus dégradées et dégradantes de l'exercice politique. Voyant déjà poindre en son temps les succès de la démocratisation et du socialisme, il fustige ces formes sécularisées de la révolte des esclaves, fruits du ressentiment égalitaire, sortes de christianisme sans noblesse faites pour faire triompher ici-bas tout ce qu'il y a de plus plébéien, de plus bas, populacier et canaille. Leurs buts dégénérés est de maintenir l'homme dans un état grégaire, de supprimer les conditions d'apparitions d'hommes supérieurs et de tout faire sombrer dans la poubelle égalitaire.

Ce sont les individus inférieurs qui pullulent et sont encouragés en démocratie et en socialisme. Ce sont les instincts du troupeau qui sont privilégiés contre les instincts d'exception et de noblesse. La démocratie et le socialisme ont besoin de moutons, de domestication, de pensée unique et d'êtres en tous points inoffensifs : ce qui est né dans le dysgénisme a besoin du dysgénisme pour survivre. Le pire est que dans ces systèmes, les élites persistent à dominer les petites gens, mais les dominent désormais hypocritement, au nom de fausses valeurs ou au nom du Dieu argent. Nietzsche méprise profondément l'esprit mercantile, utilitariste et marchand des anglo-saxons, mais c'est vers celui-ci que mèneront inéluctablement la démocratie et le socialisme, vers un peuple toujours plus médiocre et une élite toujours plus vile.

De surcroît, la démocratie et le socialisme ne peuvent se maintenir que par l'inflation infinie de la machine étatique. Or, pour Nietzsche, l'État est, selon une formule célèbre, « le plus froid des monstres froids ». S'opposant à Hegel qui voyait en l'État l'instrument le plus avantageux que l'humanité pouvait créer, Nietzsche en fait surtout le support d'hommes fatigués et faibles qui finissent par accepter leur condition d'esclave. L'État a nécessairement besoin d'esclaves ; il favorise les individus obéissants et domestiqués, ceux qui ne deviennent, *in fine*, que des outils remplaçables. La critique de l'État de Nietzsche n'en fait pas un anarchiste pour autant ; à l'instar d'Edmund Burke, c'est d'un ordre conservateur, « libre et viril », que Nietzsche oppose à l'ordre inauthentique du contrôle toujours plus absolu de l'État moderne, infantilisant toujours davantage les hommes.

Cette décadence politique et morale, ce nihilisme profond, est cause et symptôme du *dernier homme*, le plus méprisable d'entre tous. C'est dans Ainsi parlait Zarathoustra que Nietzsche nous en donne la définition : il s'agit, en tous points ou presque, d'un portrait de l'individu postmoderne actuel. Le dernier homme est l'homme las qui ne peut plus enfanter de grandeur, qui est devenu sceptique en tout, qui ne veut plus vivre intensément, mais veut vivre longtemps ; qui veut rendre tout, tout petit, en se moquant de ce qui était hier encore grand et noble ; c'est l'homme qui est à la recherche de son petit bonheur, et qui pour cela fuit tout ce qui pourrait le faire souffrir, cherchant partout la facilité et les bras réchauffant du prochain, dans un amour auquel il croit comme un enfant. Il ne tolère que les doctrines qui parlent d'égalité et de tolérance, car ayant le troupeau en lui, il veut que le troupeau dirige, et il est lui-même si médiocre qu'il tient évidemment à ce qu'on le tolère en toutes circonstances. Il déclame « jadis, tout le monde était fou ! » et pense sincèrement qu'il est bien supérieur à ses ancêtres, ces odieux barbares qu'on appelle aujourd'hui brutes, oppresseurs ou racistes. C'est ce dernier homme qui a pris les commandes de la civilisation européenne et l'amène droit vers la catastrophe. Ce sont ses instincts qui dominent désormais. Cet homme, en vérité, veut mourir, telle une personne âgée acariâtre et très sensible, perdant la mémoire et retournant en enfance, et dont les allers-retours chez le médecin pour prolonger sa vie ne sont en vérité que le cache-misère d'une volonté radicale d'en finir.

Cette décadence n'est toutefois pas inéluctable. Il est possible de se révolter contre elle en transformant son être, en accomplissant la transvaluation des valeurs et en visant ce que Nietzsche appelle le surhumain.

XX

Révolte contre le nihilisme

Arrivés à ce stade, nous avons vu l'essentiel de ce que nous apprend la philosophie nietzschéenne pour comprendre notre époque. Le nihilisme le plus complet y règne, nous sommes les derniers hommes et la civilisation européenne court à sa perte. Nietzsche est-il pour autant un pur pessimiste ? Oui, sans doute, mais Heidegger ajoute que sa philosophie suppose un *pessimisme actif*, contrairement à un pessimisme passif, plus schopenhauerien, plus bouddhiste, qui relèverait, lui, du nihilisme.

Nietzsche, à travers Zarathoustra et la Volonté de puissance, se fait aussi annonciateur d'une nouvelle *Bonne Nouvelle*, c'est-à-dire d'une possibilité offerte à l'homme pour dépasser le nihilisme en se dépassant lui-même. Cette annonce, c'est celle du surhomme.

Rien ne peut mieux illustrer le caractère non inéluctable du nihilisme que la personnalité même de Nietzsche. Nul n'a plus de raisons que lui d'être un décadent plein de ressentiment avoue-t-il, c'est-à-dire de déprécier la vie et de vouloir s'en venger. C'est un malade chronique qui souffre souvent le martyre. C'est un « loser », pourrait-on dire aujourd'hui, puisque ses livres se vendent très mal (à titre d'exemple, la troisième partie de Zarathoustra ne sera imprimée qu'à quarante exemplaires), puisqu'il est un solitaire sans beaucoup d'amis, et que la seule femme qui semble l'avoir un jour intéressé l'a éconduit prestement. Rien que cette infortune avec les femmes aurait pu le rendre particulièrement aigri et le pousser à jeter son fiel sur les femmes et sur la sexualité, sources de vie. Or, il n'en est rien : même s'il est farouchement antiféministe (l'indifférenciation sexuelle relevant *aussi* du nihilisme), il ne rejette aucune faute particulière ou originelle sur les femmes. En dépit de tout ce qui aurait pu cultiver en lui le ressentiment à l'égard la vie ou la nature, il parvient à se détourner de cette tentation nihiliste pour, au contraire, glorifier cette vie et cette même nature. « Je suis un décadent, écrit-il en toute conscience, mais je me suis révolté ci-contre ». Si Nietzsche peut si bien décrire les mécanismes psychologiques qui poussent à la vengeance contre l'existence, c'est *précisément* parce que ces mécanismes vivent en lui et cherchent toujours à s'exprimer. La décadence parle à travers lui, mais il parvient, dans un effort surhumain, à se rebeller contre les monstres intérieurs qui veulent le tirer vers les abysses du ressentiment. Sa gloire, c'est d'être capable de transformer toute la faiblesse de son être pour la sublimer en une force ultra lucide.

« Vainqueurs sont ceux qui savent se transformer », écrit-il. La plupart des hommes sont incapables d'une telle révolte intérieure, incapables d'une telle lucidité et d'une telle transformation. « Quelques-uns d'entre eux veulent, mais la plupart ne sont que voulus » ajoute-t-il, enterrant magistralement les illusions de ceux qui se proposent d'amender l'humanité en comptant sur le cœur et la volonté du grand nombre. Si la majorité des hommes est faite pour être dans les fers et simplement à l'image de ce que quelques privilégiés *capables de vouloir* ont envie qu'elle soit, alors il faut que ces créateurs soient capables de se transformer en surhomme afin de faire de l'humanité à nouveau quelque chose de fabuleux, à l'image des anciens Grecs. Et pour cela, il faut que ces hommes, ces créateurs de valeurs nouvelles, soient capables, à l'instar de Nietzsche, de se rebeller contre le nihilisme qui existe en chacun d'entre eux, pour transformer cette force malveillante en une philosophie héroïque de l'amour de la vie.

Le surhomme n'est pas, contrairement aux caricatures qui suivront, un colosse adepte du culturisme ; l'Übermensch n'est pas non plus ce que l'on appelle aujourd'hui un « winner ». Avant toute chose, c'est un homme capable de se révolter contre la décadence qui grouille au fond de lui-même. Dans la caverne de Zarathoustra, censée accueillir les candidats potentiels à la surhumanité, il y a certes des Rois, mais il y a aussi un homme immonde, le plus hideux d'entre les humains, et celui-ci est peut-être, dit Zarathoustra, le surhomme dont il a entendu l'appel. Nous sommes donc loin de l'image d'Epinal du surhomme grimé en statue parfaite d'Arno Breker. L'homme le plus hideux parmi les hommes est sur la voie qui mène au surhumain car il refuse la pitié d'autrui et qu'il a appris à aimer ce qu'il est, à l'accepter comme un fatum, comme un destin, et donc, *in fine*, à faire la paix avec la vie. Celui qui accepte son sort, qui sait rire et danser au dessus des nuages parfois terribles de son destin – celui là se dessine assurément en vue du surhomme pour triompher radicalement du nihilisme.

Pour réussir une telle transformation héroïque, Nietzsche nous indique plusieurs chemins à emprunter qui conviendraient parfaitement à un programme de développement personnel à caractère philosophique.

XXI

La voie du surhomme

Zarathoustra nous lance un appel : « hommes lâches et découragés. C'est vous qui devez donner à la vie son pourquoi, son but, son sens, ses valeurs. Vous êtes le sens de la Terre et les ouvriers du surhomme ».

Zarathoustra, le prophète du surhomme, délivre trois prédications essentielles pour échapper au nihilisme :

I – Le sens de la Terre.

II – L'héroïsme du créateur.

III – L'affirmation suprême de l'Éternel retour.

D'abord, le *sens de la Terre* – Nietzsche écrit dans Zarathoustra que le surhomme doit être le sens de la Terre, comme si celle-ci avait un sens dont l'homme, et *a fortiori* le surhomme, devaient être les vecteurs. Comme si la sagesse, la grande sagesse, était toute entière contenue dans la nature, dans un aspect quasi *géologique* des choses, dans leur primitivité immédiate, celle qui se donne à tout être s'il consent simplement à *regarder les choses en face*, comme le veut l'expression. Plus que la sagesse, la terre est aussi l'idéal, le seul idéal *vrai*, le seul qui mérite à être poursuivi.

Le sens de la terre, c'est d'abord le refus catégorique de la moraline. Non pas la morale au sens de l'existence quotidienne, c'est-à-dire des règles éthiques permettant de vivre en société, mais le refus des grandes abstractions et idéaux fondamentalement contre-nature, expressions du ressentiment, dont l'objectif final est toujours de corrompre les natures fortes afin de les niveler et de faire triompher le médiocre et le docile.

La Terre est un idéal à elle-seule. Il est inutile de rechercher un paradis idéal dans des arrières mondes ou après la mort, car la vie, qui embrasse en elle-même l'infini, est déjà idéale. Et même s'il devait y avoir des arrières mondes, comme une vie espérée après la mort, cela ne serait pas une raison suffisante pour se détourner du monde qui nous est donné de vivre et de le mépriser.

La réalité est la vérité, et Nietzsche met en garde contre les idéalistes qui promettent des lendemains qui chantent ou des sociétés rendues meilleures grâce à des prétendus « progrès », ou encore des paradis morbides comme le paradis du djihadiste avec ses quarante vierges lascives qui l'accueilleraient seulement à la condition qu'il ait fait pleurer au moins quarante femmes *réelles* dans cette vraie vie. Nietzsche nous montre la ressemblance entre toutes ces tarentules qui semblent pourtant si dissemblables. Le progressiste qui demande de *déconstruire* (autre mot pour dire détruire) toute la civilisation européenne pour l'avènement d'une société meilleure, ressemble finalement à l'imam fanatique qui demande à ses ouailles d'aller se faire sauter, et donc détruire, pour l'arrivée d'un monde meilleur, celui de Dieu. Les deux ont en commun leur nihilisme profond : les prétextes changent, et par prétexte il faut entendre leurs « idéaux », mais le fond de leur idiosyncrasie est le même : ce qu'ils veulent vraiment, c'est détruire ; ce qui les anime profondément, c'est le désir de vengeance. Le sens de la Terre, c'est refuser toutes ces balivernes idéalistes.

Le sens de la Terre, c'est aussi et surtout le *retour au corps*. Pendant trop longtemps en Europe, en particulier à cause de la philosophie platonicienne et du christianisme, on a méprisé le corps pour ne dresser des louanges qu'à l'esprit, qu'au *pur esprit*, le raisonneur et le ratiocinant. Le corps, parce qu'il était le vecteur du monde terrestre (et donc celui censé être faux), était vu comme *menteur*, sans noblesse et corrupteur. Même si nous avons quelque peu redécouvert les vertus du corps aujourd'hui, cette perception a laissé des traces. Nous pouvons par exemple le constater avec l'idée que l'on se fait des intellectuels, et donc, quelque part, de l'intelligence : ceux-ci augmentent considérablement leur crédibilité s'ils semblent ne pas se soucier de leur corps. L'expression du corps, y compris par la violence, ou par la recherche de beauté, est méprisée par l'intelligentsia des philistins cultivés. Un coup de poing est-il toujours, *forcément*, moins intelligent qu'un argument, même s'il est putassier ? Au nom de quoi, exactement ? Le désir d'embellissement et d'amélioration du corps, qui aurait constitué un argument philosophique *en soi* chez les Grecs, n'est-il vraiment que le signe d'une vanité superficielle si impropre à la pensée et à la Raison ? « Il y a plus de sagesse dans ton corps que dans ta plus orgueilleuse raison » dit Zarathoustra. Les intellectuels dont le physique est évanescent, et qui, par conséquent, s'enferment toujours plus dans leur esprit jusqu'à en devenir fou et réciter toujours davantage de théories et de constructions abstraites farfelues, ne valent pas le robuste paysan

« grossier, entêté, résistant [car] il n'y a rien de plus noble de nos jours » insiste Zarathoustra. Il n'est pas question ici de démagogie, mais véritablement d'une certitude philosophique qui veut que l'homme proche de la Terre et des strictes réalités soit toujours plus proche de la vérité que n'importe quel avorton devisant au café de Flore.

L'évolution de la biologie ne cesse d'ailleurs de certifier le lien invincible que Nietzsche remarque déjà entre le corps et l'esprit. De plus en plus, on s'aperçoit que nos « pensées » sont causées, ou au moins profondément influencées, par des facteurs absolument matériels proches de la chimie par l'intermédiaire de nos hormones, de notre alimentation, de l'atmosphère, etc. On s'aperçoit toujours davantage que la machine à penser qu'est l'homme, avec sa conscience et son esprit, sont totalement dépendants de facteurs radicalement terrestres, au point que l'on pense pouvoir très prochainement créer des cerveaux humains artificiels grâce à l'intelligence artificielle, lesquels pourraient eux aussi raisonner et être dotés de conscience. Notre corps est donc une extraordinaire machine dont l'esprit n'est qu'une expression comme une autre. Si l'on néglige son corps, on fait plus que négliger dans le même temps son esprit : on lui fait perdre la tête. Nous avons déjà vu que Nietzsche préconise de penser en marchant, ou en faisant une activité physique : il n'autorise, dit-il, que les pensées dans lesquelles des muscles auraient été impliqués. Il faut se méfier des idées qui nous viennent quand notre corps est malade ou fatigué, car il y a alors de grandes chances pour que ces idées portent elles-mêmes la marque de la maladie et de la fatigue. Un corps qui n'a plus de souffle produit nécessairement des idées essoufflées, c'est-à-dire des idées nihilistes. C'est pourquoi il faut absolument revenir au corps, qu'il faut le cultiver, en prendre soin, l'embellir et le fortifier, en faisant attention aux poisons qui pourrissent notre environnement (lequel est encore plus empoisonné par la pollution, la bouffe industrielle et les perturbateurs endocriniens d'aujourd'hui).

Voilà le sens de la Terre, qui préserve du nihilisme.

La deuxième grande prédication de Zarathoustra, c'est l'héroïsme du créateur, qu'il faut à la fois vivre, développer et promouvoir.

Regarder la réalité en face et revenir au corps sont essentiels. Mais pour quoi faire au juste ? Nous autres, êtres humains, avons besoin de nous procurer un but pour nous faire mouvoir, et celui-ci se doit d'être exigeant. À quoi sert-il de vivre ? Pour simplement se conserver ? Ou pour accumuler les plaisirs ? Pour « le bonheur » ? C'est ce que l'on pense de nos jours, notamment depuis que nous avons tué Dieu. Sans Dieu, sans religion, et donc sans but transcendant, les postmodernes sont réduits à une toute petite immanence. Le peu qu'ils croient pouvoir faire, dans une vie qui leur apparaît comme insensée, sans but et sans Dieu, c'est de profiter, ou de se conserver. *Carpe diem* disent-ils ou se font-ils tatouer, c'est-à-dire dire « profitons-en ! », tout en allant bien régulièrement chez le médecin. Jouissance et médecine sont les deux divinités de l'époque : il faut jouir, profiter, « se lâcher », « ne pas se prendre la tête », et dans le même temps, bien prendre ses médicaments, très vite ses antidépresseurs, et bien faire attention à sa petite santé pour la conserver le plus longtemps possible. Voilà l'idéal postmoderne de l'homme sans Dieu, un idéal de dernier homme, las et épuisé.

Le symptôme manifeste de cet épuisement vital, c'est la recherche du bonheur. La poétesse française Louis Ackermann écrit « la nature sourit, mais elle est insensible : que lui font vos bonheurs ? », signifiant bien l'inanité d'une telle recherche d'un point de vue de la nature. Rechercher le bonheur signifie qu'on ne le possède pas, et qu'il est donc un idéal, se rapprochant ainsi dangereusement de conceptions nihilistes qui peuvent promettre le bonheur par des moyens contre-nature (comme des arrières mondes ou des opiacés). Il faudrait d'ailleurs, à ce titre, faire une étude comparée entre la promotion du discours sur la recherche du bonheur et la consommation de drogue ou d'anxiolytiques en tous genre en Occident. Nietzsche écrit un mot d'une grande profondeur dans une des lettres qu'il adresse à un de ses amis qui s'apprête à se marier : « je ne vous souhaite pas le bonheur, je vous souhaite de le garder », entendant par là que le bonheur n'est pas à rechercher, qu'il n'est pas un idéal pour demain, mais qu'il est déjà présent dans la vie, dans l'instant, qu'il parle déjà à travers notre corps et notre nature. Il ne faut pas rechercher le bonheur, il faut le sentir, et le garder près de soi avec toute l'intensité possible, exactement comme la vie.

De surcroît, lorsque l'on dissèque l'idée du bonheur, du « Bien-être » dont on nous parle aujourd'hui, on comprend encore davantage que le nihilisme se dissimule derrière lui. « Bien-être » signifie, dans la postmodernité, la disparition des tensions, des aspérités, l'absence de violence, de conflits, de turpitudes, de dangers, de peurs, des sueurs et de la douleur. En somme, ce qu'ils appellent « Bien-être », c'est bien souvent l'inverse de la vie. Celle-ci est conflit – « *la vie est guerre* » comme nous le rappelle le grand philosophe présocratique Héraclite. Entendre par bonheur et bien-être, un lit douillet, une sérénité extatique, un calme apaisé, c'est vouloir s'allonger sur un lit d'hôpital ou dans le cercueil d'un cadavre. Ce bien-être a définitivement le goût, à l'instar du nihilisme, de la torpeur et de la mort.

En vérité selon Nietzsche, lorsque le corps, et la vie en lui, sont encore sains, jeunes et forts, ils veulent bien autre chose que le bonheur et la médiocre conservation des morts-vivants. Ils veulent avant toute chose *s'affirmer*.

Chez ceux qui, à l'intérieur, parle le langage de la conservation prudente, règne le commun, la médiocrité, la faiblesse, et paradoxalement, la lassitude. Ce sont les bêtes de somme qui cherchent à survivre pour brouter de l'herbe, refusant la vie et son caractère aventureux, avec ses instincts puissants, ses passions généreuses, ses héroïques folies et ses volontés conquérantes. Quand le corps est jeune et fort, c'est un autre langage qui parle en lui : il veut s'accroître, grandir, conquérir et créer, et donc, pour cela, *risquer*, lutter et se battre. Nietzsche nous explique formidablement bien les mécanismes psychologiques qui poussent les natures fortes à se chercher des ennemis, comme une conséquence logique, un instinct naturel. La force doit, d'une manière ou d'une autre, se montrer, sortir – *jaillir*. La force cherche à s'éprouver, or il n'existe pas de plus grande façon de s'éprouver que de lutter, que d'aller à la rencontre de l'adversité, et donc de risquer sa vie, son honneur, son « Bien-être » et son « bonheur ». « Pourquoi luttent les arbres de la forêt vierge nous dit Nietzsche : pour le bonheur ? Non. Pour la puissance ». Périclès souligne la « râafinia » (ῥαθυμία) propre aux Athéniens, c'est à dire leur grande insouciance, leur indifférence totale pour la sécurité, pour la modération et la prudence, ainsi que pour le « Bien-être » tel qu'on le conçoit aujourd'hui. Et pourtant, c'est bien eux qui ont porté la vie et la beauté à des niveaux jamais atteints. C'est donc l'œuvre qui compte le plus, car l'œuvre est la vie qui se manifeste dans toute son intensité, dans toute sa noblesse et dans toute sa puissance. C'est la raison pour laquelle rien n'est plus haut que la puissance créatrice. Un artiste qui fait passer son œuvre avant sa vie fait, en réalité, *passer la vie avant toute chose.* Il est le sommet de l'existence, la seule chose qui donne au monde sa valeur. Dès lors, vivre pour créer, pour embellir, pour développer, pour pousser au maximum ses capacités dans le sens de sa réalisation, épuisant toute la volonté de puissance qui bouillonne en soi, est le profus idéal de vie du surhomme nietzschéen.

Une des façons de lutter contre le nihilisme en soi est donc de chercher à réaliser l'entièreté de son potentiel, à déverser toute la force que l'on possède en vue d'une vie plus riche, la plus grandiose que l'on peut atteindre. Il faut chercher à être soi-même un créateur, ou, à défaut, de se mettre au service des créateurs, comme Nietzsche tente de le faire préalablement avec Wagner. Pour cela, il faut cultiver la puissance et le chaos en soi, et surtout pas la moraline ou les idéaux d'eudémonisme. Il faut vouloir s'affirmer plutôt que de chercher à se conserver, et oublier la quête du petit bonheur matériel et minable pour s'accrocher à celle de son destin. L'homme qui échappe au nihilisme se demande quel est son destin, quelle est son œuvre sur Terre, et tient à *viser haut*, muni de valeurs aristocratiques, c'est-à-dire celles qui transfigurent au mieux cet idéal immanent et héroïque.

La troisième et dernière prédication nietzschéenne, en vue de l'annonce d'une humanité supérieure qui aurait triomphé du nihilisme, c'est le concept, et surtout la préconisation, de *l'amor fati*, lui-même issu de la pensée de l'Éternel retour que nous avons déjà vu.

Pour échapper totalement au nihilisme, il faut, d'une certaine façon, se sentir éternel et heureux, se réalisant totalement en respectant les lois de l'existence. Il s'agit, avant tout, de se sentir partie de la Totalité, du Tout, de l'infini, de la Nature, ou de Dieu, selon. Il faut parvenir à sentir que se réalise en soi, et à travers soi, le commandement de la vie qui veut s'affirmer, se dépasser et s'accomplir, tout en revenant sur elle-même en un mouvement éternel. Il faut sentir que par chacun de nos gestes, de nos pensées et de nos accomplissements, on participe à l'éternité, et que l'éternité participe à travers nous, que tout est au final UN, à l'instar de ce que les brahmanes hindous avaient appelé l'*Âtman*, c'est-à-dire l'âme du monde que tout connecte. C'est aussi la conception de l'Être selon Heidegger, ce qui donne forme à l'étant tout en étant en même temps son réceptacle qui le définit. Voilà l'aspect métaphysique de la conception de l'Éternel retour : il doit doter d'une vraie sérénité ceux qui réussissent à se représenter et à accepter leur place dans l'existence, laquelle est fondamentalement parfaite, les rendant, dès lors, eux-aussi absolument parfaits, puisqu'ils en font essentiellement partie.

Toutefois, la sensation profonde de l'appartenance à une vie parfaite ne doit pas faire sombrer dans une béatitude extatique purement contemplative. Être partie de la vie, c'est y participer. Le principe existentiel qui la mue et lui donne son relief, c'est la Volonté de puissance. Participer à la vie, c'est par conséquent lui obéir en faisant jaillir l'entièreté de sa puissance vitale. Exister en accord avec ce qui existe, c'est donc affirmer sa Volonté de puissance.

La métaphysique de l'Éternel retour et de la Volonté de puissance nous permettent d'obtenir une hauteur de vue qui seule autorise par la suite le rire divin. Le nihilisme nous détourne de l'action positive, des luttes et de la vie, tandis que la conception héroïque de l'existence *réclame* ces turbulences tout en nous donnant la possibilité d'y faire face et d'en rire. Si l'on ne détourne jamais le regard de la réalité, qu'on ne cherche pas à y échapper, cultivant une conscience aigüe que tout est comme il doit être, alors un rire puissant se délivre des profondeurs tragiques de notre âme : c'est le rire de celui qui triomphe de tout, *de toutes façons*. C'est celui qui permet de vivre l'entièreté de ce qu'il faut vivre et de nous défendre contre notre propre sérieux, en dansant toujours d'un pas léger.

Au final, la formule de l'affirmation dionysienne de la vie est *amor fati*. Aime le sort, aime le destin, aime la vie. Celui qui donne tout ce qu'il a à donner, qui épuise toute la puissance qu'il a en lui, qui a conscience de faire parti de l'éternité, aimant la vie, la réalité et la nature telles qu'elles sont, trouvant un sens à son existence en s'assignant une morale héroïque et des valeurs aristocratiques, et cherchant à danser, à rire, à suivre son destin d'un pas léger, alors celui-ci est inatteignable par le ressentiment, la décadence et le nihilisme. Celui-là est le vrai surhomme, celui dont la vie parfaite est un hommage continuel à la perfection de la vie elle-même.

Épilogue

Folie et grandeur

A la fin de l'année 1888 et à l'aurore du mois de janvier 1889, après qu'il a fini l'Antéchrist, Ecce homo et quelques compositions poétiques, Nietzsche sombre dans la folie. Cela fait déjà quelques temps qu'il présente des signes de fragilité mentale, notamment une hypersensibilité qui le fait souvent tomber en larmes lorsqu'il écoute de la musique. Il a aussi le sentiment d'avoir quasiment terminé son travail philosophique, souhaitant même brièvement, par extraordinaire, se tourner vers la politique. Il veut écrire notamment un mémoire destiné à toutes les cours royales européennes à propos de l'avenir de l'Europe et des questions nationales. « Tout est fini ! » écrit-il à Carl Fuchs en septembre 88. « J'ai donné aux hommes, avec mon Zarathoustra, le livre le plus profond qu'ils possèdent » continue-t-il. Après avoir réalisé la grande critique de la philosophie occidentale, il estime que la philosophie touche à son terme : ne reste plus qu'à établir la transvaluation des valeurs, laquelle doit venir d'elle-même et naturellement une fois que l'humanité aura découvert son travail.

Beaucoup – et encore aujourd'hui – ont utilisé la folie de Nietzsche comme un argument contre sa philosophie. La folie dans laquelle il entre définitivement et jusqu'à sa mort dans sa 44ème année serait comme une punition de Dieu contre celui qui osa le déclarer mort. C'est là une idée bien simpliste, et surtout bien méprisable : même un chrétien comme le philosophe Gustave Thibon, qui écrivit pourtant un livre contre Nietzsche, précise que cette façon de raisonner est stupide et malhonnête. Depuis des années, avant qu'il ne sombre, Nietzsche souffre d'une maladie grave dont on n'est pas encore certain de sa provenance. Les chercheurs hésitent encore entre l'hypothèse d'une maladie dégénérative du cerveau qu'il aurait hérité de son père, ou la conséquence d'une syphilis que Nietzsche aurait contractée plus jeune. À vrai dire, comme le fait remarquer son biographe Curt Paul Janz, ce qui est miraculeux dans l'histoire de Nietzsche, ce n'est pas qu'il soit tombé foudroyé par la folie, mais qu'il ait pu lui résister si longtemps. Si Dieu avait voulu punir Nietzsche, il aurait été mieux inspiré de ne pas lui donner la force héroïque avec laquelle il put combattre sa maladie et produire, pendant ce laps de temps, une philosophie magistrale qui continue et continuera d'inspirer les âmes fortes

Sans même avoir à évoquer les raisons médicales de la folie de Nietzsche, laquelle se manifeste par des lettres absurdes qu'il envoie soudainement au Pape et à l'Empereur d'Allemagne, ainsi que par des comportements inappropriés dans les rues de Turin, tels des chutes, des explosions de rires, ou au contraire des crises de larmes, je pense que, fondamentalement – et peut-être aussi, *poétiquement* – Nietzsche ne pouvait *que* devenir fou, indépendamment de sa santé. Je crois que la folie est au génie ce que le martyre est au saint : Nietzsche était allé trop loin, et il était bien trop seul, n'ayant personne pour « l'accompagner dans sa solitude », comme le veut le beau vers de Pétrarque.

Etre allé si loin dans la compréhension de la psychologie humaine et dans l'implacable lucidité vis-à-vis des vrais ressorts de l'Univers et de l'existence, sans la consolation ni le secours possible d'un Dieu, d'arrières mondes ou d'idées confortables, ne pouvait que le conduire un jour à lâcher prise. Il lui a fallu un effort surhumain pour engendrer sa philosophie, et nous l'offrir de surcroit dans une langue si belle. Cette tâche l'a épuisé, et son esprit a fini par céder, le renvoyant quasiment en enfance pour ses dernières années. Il est dit dans Zarathoustra que l'esprit est d'abord chameau, c'est à dire bête de somme, puis qu'il doit devenir Lion, c'est-à-dire guerrier, avant, enfin, de redevenir enfant, c'est à dire innocence. Je me plais parfois à penser que la vie de Nietzsche a suivi pas-à-pas ce parcours spirituel, et que sa folie, après tant d'années à philosopher seul comme un lion, ne fut qu'un aboutissement facétieux pour retrouver une innocence qu'il avait tant méritée.

*

Nietzsche écrivit qu'il faudrait le lire un siècle après sa mort. Nous y sommes. Le nihilisme règne bien aujourd'hui, la postmodernité dans laquelle nous sommes plongés est son apogée, et la preuve de ceci est que la civilisation européenne vit peut-être ses dernières heures. Nietzsche avait donc raison : c'est pourquoi il est plus indispensable aujourd'hui qu'il ne fut sans doute jamais.

BIBLIOGRAPHIE

NAISSANCE DE LA TRAGÉDIE, Friedrich Nietzsche, Flammarion.

CONSIDÉRATIONS INACTUELLES I et II, Friedrich Nietzsche, Folio, Gallimard.

CONSIDÉRATIONS INACTUELLES, III et IV, Friedrich Nietzsche, Folio, Gallimard.

HUMAIN, TROP HUMAIN, Friedrich NIETZSCHE, Folio, Gallimard.

AURORE, Friedrich Nietzsche, Folio, Gallimard.

LE GAI SAVOIR, Friedrich Nietzsche, Folio, Gallimard.

AINSI PARLAIT ZARATHOUSTRA, Friedrich Nietzsche, Flammarion.

GÉNÉALOGIE DE LA MORALE, Friedrich Nietzsche, Folio, Gallimard.

PAR DELÀ BIEN ET MAL, Friedrich Nietzsche, Folio, Gallimard.

LE CAS WAGNER, suivi de NIETZSCHE CONTRE WAGNER, Friedrich Nietzsche, Folio, Gallimard.

LE CRÉPUSCULE DES IDOLES, Friedrich Nietzsche, Folio, Gallimard.

L'ANTÉCHRIST, suivi de ECCE HOMO, Friedrich NIETZSCHE, Folio, Gallimard.

LA VOLONTÉ DE PUISSANCE, Tome I et II, Tel, Gallimard

DERNIÈRES LETTRES, Friedrich Nietzsche, Payot-Rivages.

NIETZSCHE ET LE PROBLÈME EUROPÉEN, Jean-Édouard Spenlé, Armand Colin.

NIETZSCHE volume I et II, Martin Heidegger, Gallimard.

NIETZSCHE, BIOGRAPHIE, tome I, II et III, Curt Paul Janz, Gallimard.

NIETZSCHE OU LE DÉCLIN DE L'ESPRIT, Gustave Thibon, Fayard.

LE JÉSUS DE NIETZSCHE, Massimo Cacciari, Éditions de l'éclat.

PREMIERS ÉCRITS, Friedrich Nietzsche, Le Cherche Midi.

LETTRES CHOISIES, Friedrich Nietzsche, Folio Gallimard.

SOUVENIRS SUR FRIEDRICH NIETZSCHE, Franz Overbeck, Allia.

CHEMINS QUI NE MÈNENT NULLE PART, Martin Heidegger, Gallimard.

NIETZSCHE ET VOLTAIRE, Guillaume Métayer, Flammarion.

TABLE

NIETZSCHE ET L'EUROPE

Mémoire

Julien Rochedy

« J’ai besoin de l’Europe, car elle est
le siège du savoir dans le monde. »

Friedrich Nietzsche

Introduction

Nietzsche, un philosophe européen

Beaucoup de choses ont été écrites sur les conséquences de la pensée dite « nietzschéenne » sur les événements politiques du XXème siècle. On lui impute, notamment, une bonne partie des influences intellectuelles du national-socialisme allemand. Il est inutile de revenir sur ce sujet qui a déjà fait couler beaucoup d'encre – chacun jugera – mais il est plutôt intéressant de faire remarquer qu'à vouloir réduire la pensée européenne et politique de Nietzsche à ses liens supposés avec l'idéologie hitlérienne, nos contemporains sont souvent passés à côté. A l'heure où, en Europe, l'*Esprit du temps* se veut radicalement européen, envisageant la construction européenne, à travers l'Union Européenne, comme le seul horizon politique souhaitable et crédible du continent, on pourrait s'étonner de ne pas voir Nietzsche être cité davantage. En effet, le philosophe à qui l'on doit le mot d'ordre de la modernité, *Dieu est mort*, est un penseur majeur de la civilisation européenne – *pour* la civilisation européenne.

Au moment donc où l'Europe est sur toutes les lèvres, au moment où son unification politique, économique, culturelle – déjà bien consommée – est peut-être sur le point de s'accomplir définitivement, il parait important de s'arrêter sur un auteur qui fit souvent de l'Europe son objet d'étude, mais plus souvent encore le champ géographique et culturel dans lequel *sa* philosophie, singulière tant dans la forme que dans le fond, devait se révéler puis s'accomplir.

*

Il existe sur l'auteur de *Ainsi parlait Zarathoustra* de nombreux préjugés. Il n'est pas rare que l'on se méprenne sur lui. Nous ne retenons souvent de Nietzsche que des formules célèbres et des concepts aux noms éclatants (« Dieu est mort », « Ce qui ne nous tue pas nous rend plus fort », « Ce n'est pas le doute qui rend fou mais la certitude », « Par delà bien et mal », « la volonté de puissance », « le surhomme », « amor fati », etc.) et l'image d'un homme malade maugréant contre la décadence, la modernité (qui sont synonymes chez lui) et le christianisme. Certains estiment même que Nietzsche est *nihiliste*, au prétexte qu'il est un *négateur*, là où, au contraire, toute son œuvre se veut une guerre contre le nihilisme. Le problème vient du fait que Nietzsche n'est pas un philosophe de système, soucieux de donner avant tout une cohérence à toutes ses pensées. Il privilégie davantage la fulgurance à la cohérence. Ecrivant par aphorismes, souvent par allégories, et traitant de nombreux sujets divers, la philosophie nietzschéenne rend ses interprétations difficiles, ou en tous les cas, plus ouvertes. Philosophes fascistes comme philosophes de gauche (comme Foucault, Deleuze et dernièrement Onfray) purent ainsi l'embrigader, et beaucoup, surtout, se contentèrent et se contentent encore d'interprétations extrêmement simplistes, réduisant sa philosophie à de purs slogans.

Mais si Nietzsche est complexe, donnant trop matière à interprétations, il reste que l'on peut discerner, parmi toutes les bribes, les éléments et les aphorismes divers qui constituent sa philosophie, certains thèmes majeurs qui pourraient confiner à l'obsession. Parmi eux, on retrouve indiscutablement celui de l'Europe. De même (et cela rajoute à la complexité de l'œuvre nietzschéenne), il y a dans cette philosophie une part prophétique et annonciatrice, se parant parfois d'attributs à la limite du religieux. Ces éléments combinés, entre réflexions et annonciations, permettent de tirer de la pensée nietzschéenne sur l'Europe des points de vue plus factuels, à la frontière entre l'anthropologie et la sociologie (comme sa vision des différents peuples européens, que nous verrons en A de la première partie), mais aussi une vision plus philosophique, plus profonde sur l'état moral et psychologique de l'Europe (que nous verrons en B de la première partie). De ce visage européen que Nietzsche observe et décrit, il en tire une véritable vision de ce que sera l'avenir du continent boréen et de sa civilisation (c'est ce que nous verrons en A de la seconde partie). Toutefois, Nietzsche ajoute encore de la matière à son œuvre déjà profuse lorsqu'il quitte son habit de philosophe pour revêtir celui d'un prophète d'une quasi-nouvelle religion dont l'objet est d'enrayer le déclin européen. C'est par le truchement d'un *mythe de l'Avenir* nouveau, d'une pensée occidentale renouvelée qui aurait triomphé du nihilisme sous-jacent à la modernité, que l'Europe pourrait renaître et retrouver sa sève antique. Cette Europe qu'il souhaite, cette Europe de l'avenir, c'est ce que nous verrons en B de la seconde partie.

*

Il faut comprendre que toute la philosophie de Nietzsche est liée à la question de l'avenir du monde européen :

> « Où va notre monde moderne ? Vers l'épuisement ou vers la renaissance ? »[1]

Que Nietzsche s'exprime en tant que philosophe ou en tant que prophète, c'est avec, peu ou prou, toujours en ligne de mire la question européenne. Qu'est-ce que la civilisation et l'esprit européens sont-ils et que risquent-ils de devenir ? Quels que soient ses objets d'études et ses dissections psychologiques (christianisme, idéalisme, romantisme, etc.) tous sont toujours étudiés en fonction de l'incidence qu'ils eurent, qu'ils ont ou peuvent avoir, sur *l'âme européenne*, celle qui est née en Grèce dans l'Antiquité, celle dont Nietzsche est un spécialiste et un admirateur.

Pourquoi donc ce souci constant de l'Europe chez un philosophe allemand du XIXème siècle, siècle des nationalismes par excellence ?

*

Nietzsche devint européen par étapes. Il naît à Röcken, près de Leipzig, le 15 octobre 1844, en plein cœur d'une Allemagne qui bouillonne de patriotisme en vue de son unification. Fils de pasteur, il fait de brillantes études avant d'intégrer, à vingt-cinq ans (il bénéficia d'une déro-

---

[1] NIETZSCHE, Friedrich. « La volonté de puissance II », éditions Gallimard, collection Tel, 1995, Mesnil-sur-l'Estrée, 2006, page 108

gation inédite), une chaire de philologie classique à l'université de Bâle. En 1870, lors de la guerre franco-allemande, il s'engage comme volontaire, pris d'un indéniable élan patriotique comme en atteste toute la correspondance de sa jeunesse (par exemple, il écrit à sa sœur en 1866, au moment de la guerre austro-prussienne : « La Prusse est en flamme, il s'agit pour l'instant de la sauver. »[1]). De retour à Bâle, il redevient professeur et peut écrire son premier livre grâce auquel il se fait connaitre du monde, *Naissance de la Tragédie*, lequel fait grand bruit dans les cénacles intellectuels germaniques de l'époque.

Originellement fervent patriote allemand, Nietzsche s'émancipe peu à peu de l'horizon étroit du nationalisme pour bientôt le critiquer avec sévérité. Comment opère-t-il un tel changement ? D'abord, il entre petit à petit en opposition avec la culture allemande de son temps, tout spécialement universitaire, la *Kultur* aux « gros sabots » du bismarckisme, encore très innervée d'historicisme et d'idéalisme hégélien. La rencontre philosophique, décisive, de Schopenhauer, lui fait s'opposer à ceux qu'il appelle désormais les *philistins cultivés* qui peuplent les universités allemandes. Il rompt ainsi avec toute forme d'idéalisme philosophique ou de chauvinisme intellectuel, tel qu'un Treitschke pouvait l'incarner. Face à ces esprits étriqués, Nietzsche découvre, puis oppose, ceux qu'il appelle plus tard ses précurseurs :

[1] NIETZSCHE, Friedrich. « Lettres choisies », éditions Gallimard, collection Folio classique, 1986, Saint-Armand, 2008, page 62

> « Les européens supérieurs, précurseurs d'une grande politique »[1]

C'est-à-dire Goethe, surtout ; Voltaire, aussi ; Napoléon, sûrement ; et Wagner (avant que celui-ci devienne lui aussi nationaliste).

Goethe, essentiellement, est pour Nietzsche le vieux Goethe des *Conversations avec Eckermann*, celui qui, de sa maison de Weimar, contemplait l'Europe d'un regard bienveillant et lucide, recevant alors tout ce que le continent cultivé comptait de poètes, d'écrivains et de penseurs, se nourrissant ainsi et s'enrichissant du cosmopolitisme européen qui fut déjà celui de Voltaire (à qui Nietzsche dédia l'un de ses livres, *Humain trop humain*). Ce n'est en revanche en aucun cas le jeune Goethe que Nietzsche admire, celui qui, par opposition au vieux, avait regardé la Révolution française et Valmy avec espérance et qui était alors vénéré par la nation allemande comme une idole patriotique. Nul autre que le vieux Goethe ne peut mieux représenter pour Nietzsche ce qu'il estimait être *un bon Européen, un Européen de l'avenir*, selon ses propres formules.

Précisément pour cette raison, le vieux Goethe s'enflamma pour l'Empereur Napoléon, alors que les guerres de libération nationale allemande, nourries par les discours de Fichte, le laissèrent de glace. En Napoléon, Goethe reconnu le grand homme, trop grand pour n'être que d'une seule patrie et embrassant de ses vues

---

[1] NIETZSCHE, Friedrich. « La volonté de puissance II », éditions Gallimard, collection Tel, 1995, Mesnil-sur-l'Estrée, 2006, page 137.

l'Europe entière. C'est l'homme à la volonté pure que Nietzsche admire à travers lui, le retour à l'Antique et à une noble virilité, après les billevesées modernes larmoyantes d'un Rousseau. Napoléon méditera à Sainte-Hélène sur l'Europe, qu'il avait échoué à réaliser, et l'absolue nécessité de son unité future face d'autres mastodontes tels que les Etats-Unis ou la Russie.

> « *Les deux grandes tentatives* qui ont été faites pour dépasser le XVIIIème siècle :
>
> *Napoléon*, ressuscitant les qualités de l'homme et du soldat et la grande lutte pour la puissance ; concevant l'Europe comme une unité politique.
>
> *Goethe*, imaginant une culture européenne qui hériterait de tout ce qu'a jamais réalisé l'humanité. »[1]

Enfin – avant qu'ils ne rompent – c'est dans Richard Wagner que Nietzsche voit l'archétype de l'un de ces *bons Européens* qu'il plébiscite. C'est le Wagner européen, parisien, italien, patronné par le Roi esthète Louis II de Bavière, que Nietzsche vénère dans sa jeunesse, avant que le compositeur de génie ne finisse par embrasser le *Zeitgeist* de son époque à Bayreuth, se faisant subitement le porte-voix d'une Prusse nationaliste, s'éloignant de façon coupable, aux yeux de Nietzsche, de l'idéal antique.

C'est bien dans les sources antiques, et notamment grecques, que Nietzsche va trouver son attachement profond à la civilisation européenne. Il faut ici bien com-

---

[1] NIETZSCHE, Friedrich. « La volonté de puissance II », éditions Gallimard, collection Tel, 1995, Mesnil-sur-l'Estrée, 2006, page 295

prendre que Nietzsche est d'abord, en tant que philologue, un hellénisant, c'est-à-dire un fin connaisseur de l'antiquité grecque. Mais plus encore, il en est un laudateur, jugeant que les Grecs « de toutes les races d'hommes, [sont] la plus accomplie, la plus belle, la plus justement enviée, la plus entrainante vers la vie (...) »[1]. Or, qui sont censés être les héritiers directs des Grecs si ce n'est les Européens ? L'objectif de Nietzsche étant d'opérer ce retour à la pureté antique en démystifiant tout ce qui, depuis Socrate et Platon, a été fait sur le plan intellectuel et moral, et qui est, pour lui, le fruit *et* la cause du nihilisme, il est évident que ce retour salutaire doit s'accomplir à l'échelle d'un continent et non pas se cantonner à une seule patrie, fût-elle la sienne.

Nietzsche, à partir de sa rupture avec Wagner et sa démission de son poste à l'Université de Bâle en 1879, découvre l'Europe grâce à de nombreuses pérégrinations et de nombreux voyages, norias grâces auxquels il peut sentir l'âme européenne qu'il n'avait qu'entrevue à travers les brumes allemandes. Il part en Italie, à Gènes, à Venise, à Turin, mais aussi en Suisse (où Sil-Maria représente désormais le pèlerinage obligatoire des nietzschéens les plus convaincus) et en France, dans cette Nice qui est pour lui une source inépuisable d'inspirations méditerranéennes. C'est aussi pour lui l'occasion d'approfondir sa connaissance de la culture européenne, notamment française, de laquelle il s'éprend, mais aussi espagnole, russe ou en-

[1] NIETZSCHE, Friedrich. « La naissance de la tragédie », éditions Le livre de poche, collection Classiques de la philosophie, 1994, Sant Llorenç d'Hortons (Espagne), 2008, page 34

core, bien sûr, italienne. C'est à partir de là que Nietzsche ne se détermine plus que par le qualificatif *européen* :

> « nous, Européens, (...) » [1]

*

Ainsi, en vertu de son hellénisme, grâce à ses rencontres avec de grands prédécesseurs et à travers ses nombreux voyages sur le vieux continent, Nietzsche finit par se définir comme un Européen et à s'atteler, philosophiquement, à ce qu'il appelle *le problème européen,* avec, comme unique objectif, la volonté de comprendre quel va être l'avenir de l'Europe, et œuvrer pour que celle-ci puisse échapper à la catastrophe qu'il voit venir.

---

[1] NIETZSCHE, Friedrich. « Par delà bien et mal », éditions Gallimard, collection Folio essais, 1971, Mesnil-sur-l'Estrée, 2008, page 127

I

Les visages de l'Europe

A) Peuples européens

L'Europe de la seconde partie du XIXème siècle qui s'offre aux yeux de Nietzsche sort toute entière de la Sainte-Alliance qui réussi à établir la paix, une paix « armée », certes, mais une paix quand même, fondée sur des principes chrétiens et conservateurs. Toutefois, l'avènement de la Prusse rompt cet état pacifique qui, tant bien que mal, s'était maintenu depuis la seconde abdication de Napoléon en 1815. Une ère de nationalismes et d'antagonismes, tant ethniques, sociaux que politiques, s'amorce désormais, étouffant peu à peu la vieille Europe dans la pollution d'une industrie naissante.

Dans un chapitre intitulé *Peuples et Patries* de « Par delà bien et mal », Nietzsche passe en revue les principaux peuples d'Europe et les analyse à travers des prismes singuliers comme celui, par exemple, du *potentiel de volonté*.

> « La maladie de la volonté est inégalement répandue en Europe : elle se manifeste le plus fortement

et le plus diversement là où la civilisation s'est implantée depuis le plus grand nombre de siècles ; »[1]

Nietzsche relève que c'est la France qui, en Europe, est le pays le plus gravement touché par cette *maladie de la volonté*, c'est-à-dire par l'incapacité à se projeter et à vouloir pour des siècles. Sa promptitude à changer souvent de gouvernements, de régimes et de politique, est le symptôme d'une anarchie produite par une profonde décadence.

1 – La France

La France, Nietzsche la connait à travers son Histoire, bien sûr, la littérature, et quelques individus qu'il tient en haute estime, comme l'historien Taine par exemple en qui il voit « le *premier* des historiens vivants »[2]. La France que Nietzsche aime, c'est cette France de la culture, celle de l'incarnation d'une culture noble en Europe, la France aristocratique, tout à fait étrangère à la France « démocratique » qui est alors en train de prendre possession

---

[1] NIETZSCHE, Friedrich. « Par delà bien et mal », éditions Gallimard, collection Folio essais, 1971, Mesnil-sur-l'Estrée, 2008, page 126

[2] NIETZSCHE, Friedrich. « Par delà bien et mal », éditions Gallimard, collection Folio essais, 1971, Mesnil-sur-l'Estrée, 2008, page 174

d'elle-même. Cette France aux goûts aristocratiques est en voie de disparition, et Nietzsche le déplore vivement. Il voit par exemple dans le poète Charles Baudelaire ce que peut produire de plus beau un état de décadence avancée, c'est à dire les derniers ravissements d'une vieille culture. Les élites culturelles françaises sont des hommes raffinés et éclairés, mais malheureusement en trop petit nombre, et surement trop intelligents pour porter encore en eux une volonté forte, presque barbare, dont une civilisation a pourtant nécessairement besoin pour s'affirmer et occuper une place prépondérante politiquement.

> « Même aujourd'hui, c'est à Paris et chez les français que l'on trouve la culture européenne la plus fine et la plus ample ; mais il faut bien savoir chercher. Ces hommes d'élite se tiennent plus cachés que jamais. Avec une rage concentrée, ils se sont mis à l'écart de toutes les fluctuations du goût public et se sont réfugiés à l'abri de la « sottise délirante » du bourgeois démocrate, dans des recoins difficilement accessibles. »[1]

Mais c'est la France qui a donné, avec son modèle du *gentilhomme* à l'époque classique, l'incarnation la plus parfaite d'une aristocratie d'hommes supérieurs qui se détachent du commun des mortels, à la fois durs au cœur, orgueilleux, érudits, raffinés tout en ne répugnant pas à la chose militaire ; en bref : un type d'homme incarnant une noblesse accomplie, un véritable *idéal de l'âme européenne.*

---

[1] NIETZSCHE, Friedrich. « La volonté de puissance II », éditions Gallimard, collection Tel, 1995, Mesnil-sur-l'Estrée, 2006, page 88

Cette France aristocratique, que Nietzsche aime par-dessus tout, est en revanche fort éloignée de la France démocratique qui nait et grandit avec la révolution. C'est la France de Rousseau, aux idées « modernes » importées d'Angleterre, en qui il voit le symptôme d'une revanche des esclaves et du ressentiment sur les âmes fortes et nobles. La seule excuse que Nietzsche trouve à la révolution française, c'est d'avoir porté au pouvoir, et finalement rendu nécessaire, *Napoléon*, l'anti-Rousseau par excellence, un César qui ressuscita pour la France et pour l'Europe les idéaux antiques de grand style et de virilité, et qui faillit même créer enfin un ordre européen.

> « La dernière noblesse politique de l'Europe, celle du XVIIème et XVIIIème siècle *français*, s'écroule sous la poussée des instincts populaires du ressentiment (...). Au milieu de ce vacarme se produisit la chose la plus inattendue, la plus énorme : avec une magnificence jusqu'alors inconnue, l'idéal antique se présenta *en chair et en os* au regard de la conscience de l'humanité (...) »[1]

Mais Nietzsche, depuis Napoléon, ne remarque hélas plus en France que des symptômes de décadence, car cette *France démocratique* est en train de prendre le pas sur la *France aristocratique* et de circonscrire de plus en plus cette « France du goût » dans quelques trop rares individus. C'est alors la France qui se fait jour, celle de Zola, qu'il définit, lapidairement, comme « le plaisir de puer »[2] ; c'est cette France qui s'est « abêtie et avilie ré-

---

[1] NIETZSCHE, Friedrich. « Généalogie de la morale », éditions Gallimard, collection Folio Essais, 1971, La Flèche, 2002, page 55

[2] NIETZSCHE, Friedrich. « Crépuscule des idoles », éditions Gallimard, collection Folio essais, 1974, La Flèche, 2002, page 58

cemment aux funérailles de Victor Hugo »[1] ; c'est cette France enfin qui, du fait de sa vieillesse et de sa dégénérescence, ne parvient plus à s'imposer des volontés fortes et durables, se condamnant donc à connaitre ce que Nietzsche considère comme la forme la plus typique de la désorganisation de l'Etat, c'est à dire l'anarchie démocratique.

Et pourtant, cette France, malgré sa volonté malade, conserve toujours en son sein un fond caché d'aristocratisme atavique. Elle seule peut engendrer des esprits qui élèvent l'intelligence du temps, et qui peuvent encore fournir des modèles accomplis de *bons Européens*. Cela se voit, pour Nietzsche, dans sa littérature, dans sa prose qu'il admire et célèbre, et dans laquelle il perçoit toujours une maestria psychologique et un raffinement de l'intelligence et de l'observation tout à fait inédit. La culture supérieure, haute et précieuse, même si elle se raréfie, court toujours les rues de Paris. Nietzsche ne tarit pas d'éloges à l'égard de Stendhal, en qui il voit, avec Dostoïevski, un maître psychologue, et n'aura de cesse d'opposer Bizet à Wagner dans le genre musical, trouvant dans Carmen l'illustration d'une âme faite à l'antique.

D'une manière générale, le rêve secret de Nietzsche est de réaliser la synthèse entre la culture française aristocratique – la plus belle, la plus intelligente, la plus noble qu'il n'y ait jamais eu en Europe depuis les Grecs – avec un héroïsme porté par une nation qui souffrirait moins de la maladie de la volonté – qui, en étant peut-être plus

---

[1] NIETZSCHE, Friedrich. « Par delà bien et mal », éditions Gallimard, collection Folio essais, 1971, Mesnil-sur-l'Estrée, 2008, page 174

barbare, aurait néanmoins plus d'énergie, à défaut d'avoir une culture.

A lire ce que Nietzsche écrit sur l'Allemagne et les allemands, il semble qu'il se croyait appelé à réaliser un pont spirituel entre sa patrie d'origine et la France, entre la hardiesse germanique et le génie méditerranéen, alliage qui seul pourrait peut-être enfanter une nouvelle renaissance, un renouveau de l'hellénisme en Europe.

2 – L'Allemagne

Nietzsche écrit énormément sur les Allemands et les critique beaucoup (notamment à travers Wagner, qui représente pour lui une heuristique de la « culture allemande » moderne qu'il méprise), tout en leur laissant tout de même une chance pour l'avenir. Car c'est précisément cette *inconséquence de leur être contemporain* qui caractérise alors les Allemands du XIXème siècle :

> « [Les Allemands] sont d'avant-hier et d'après demain, *ils n'ont pas encore d'aujourd'hui.* »[1]
>
> « Les Allemands ne *sont* encore rien, mais ils deviendront quelque chose ; »[1]

---

[1] NIETZSCHE, Friedrich. « Par delà bien et mal », éditions Gallimard, collection Folio essais, 1971, Mesnil-sur-l'Estrée, 2008, page 159

Et pour cause, Nietzsche considère que la culture allemande, l'esprit allemand – *l'âme allemande* – n'est qu'un fourre-tout, un espace chaotique, un pêle-mêle bariolé et baroque – *ein allerlei* –, sans aucune continuité car, en brisant l'universalisme de l'Eglise catholique avec la réforme de Luther, elle n'a donné naissance à aucune unité politique ou spirituelle capable d'assumer un destin européen. De même, elle ne s'est ralliée que tardivement aux idées humanistes du XVIIIème, mais, dans une contradiction patente, c'est elle qui produit un Emmanuel Kant, lequel arrive avec ses « gros sabots » pour exprimer une pensée des lumières *germaniques*, tout aussi corrompue que la française, mais de surcroît systématique et lourde, sans légèreté voltairienne.

> « L'âme allemande est avant tout multiple, hétérogène, plus composée d'éléments juxtaposés et superposés que véritablement structurée : cela tient à son ascendance. Un Allemand qui oserait dire : « Hélas, je sens deux âmes en moi » serait à côté de la vérité, ou plutôt en dessous de la vérité car il a de nombreuses âmes. (...) les Allemands sont à leurs propres yeux plus insaisissables, plus amples, plus contradictoires, plus imprévisibles, plus surprenants, plus effrayants même que tous les autres peuples : ils échappent à la *définition* et pour cette raison déjà ils font le désespoir des Français. Chez les Allemands, la question de savoir « ce qui est al-

[1] NIETZSCHE, Friedrich. « La volonté de puissance II », éditions Gallimard, collection Tel, 1995, Mesnil-sur-l'Estrée, 2006, page 305

lemand » reste toujours d'actualité, et c'est là un trait typique. »[1]

C'est de cette culture étrange, confuse et bigarrée que nait alors le *KulturKampf* bismarckien qui, sous couvert d'une lutte contre le catholicisme romain, essaye d'instaurer une culture authentiquement prussienne, authentiquement germanique. Mais Nietzsche va véritablement mépriser cette culture, et n'y voir que tentatives mal dégrossies. Cet avènement historique de la Prusse dans la *mitteleuropa* n'est pas selon lui l'avènement d'une « haute culture, et encore moins d'un goût délicat, d'une noble « beauté » des instincts (...) »[2] ; au contraire, la victoire et la suprématie politique, militaire et industrielle de la Prusse abêtit les Allemands, faisant, selon le mot de l'anglais Gladstone, « une grande Allemagne mais de petits Allemands ».

Le problème consiste en grande partie en l'installation au dessus de toute l'Allemagne d'un Etat moderne, quasiment démocratique, sous la botte bismarckienne et des Hohenzollern, c'est à dire un « monstre froid » pour Nietzsche, qui, nécessairement, abrutit les hommes en les déresponsabilisant, en les chaperonnant, en les transformant tous en d'odieux fonctionnaires à l'entendement borné et meurtri par un étroit nationalisme, un chauvinisme éhonté, loin de toute grande appétence en un idéal

---

[1] NIETZSCHE, Friedrich. « Par delà bien et mal », éditions Gallimard, collection Folio essais, 1971, Mesnil-sur-l'Estrée, 2008, page 162-163

[2] NIETZSCHE, Friedrich. « Crépuscule des idoles », éditions Gallimard, collection Folio essais, 1974, La Flèche, 2002, page 51

européen. Cet horizon borné par le nationalisme, et tout ce qui allait avec en Allemagne à cette époque (antisémitisme, francophobie, antipapisme romain.), relève de la bêtise pure et simple pour l'ancien patriote prussien de 1870, devenu, entre temps, philosophe, et *Européen* :

> « Lorsqu'un peuple souffre, *veut* souffrir de fièvres nationalistes et d'ambitions politiques, il faut prendre en patience les diverses nuées qui troublent son esprit, ses petites crises d'abêtissement : ainsi chez les Allemands d'aujourd'hui tantôt la bêtise antifrançaise, tantôt la bêtise antisémite, ou antipolonaise, ou romantico-chrétienne, ou wagnerienne, ou teutonique, ou prussienne (voyez un peu ces malheureux historiens, ces Sybel et ces Treitzschke, avec leurs têtes caparaçonnées d'idées fixes), ou quel que soit le nom de toutes ces sottises, de ces petites obnubilations de l'esprit et de la conscience des Allemands. »[1]

Que Nietzsche s'en prenne ainsi à Treitzschke, le chantre du nationalisme prussien, de la suprématie prussienne sur le reste de l'Europe, signifie bien que ce qu'il méprise chez les Allemands, c'est précisément l'abandon de toute culture ouverte à l'Europe. Cette ouverture et cette intelligence eurent lieu, par exemple, chez le grand Goethe dans sa demeure de Weimar. Le germanisme que Nietzsche contemple, c'est avant tout une hypertrophie du regard sur soi, laquelle pourrait se résumer par une maxime de Julius Langbehn, un autre sectateur de la Prusse et contemporain de Nietzsche : « concentration

---

[1] NIETZSCHE, Friedrich. « Par delà bien et mal », éditions Gallimard, collection Folio essais, 1971, Mesnil-sur-l'Estrée, 2008, page 169

signifie attraction »[1] . Or, cette « concentration », volontairement aveugle sur le monde, risque de précipiter l'Europe dans de sanglantes guerres, des guerres d'esprits étriqués, des guerres de masses beuglantes, loin de tout *bon européanisme.*

Mais Nietzsche sait aussi être juste avec l'Allemagne, et, s'il ajoute que c'est sans doute la patrie la plus gorgée des « deux grandes drogues de l'Europe, l'alcool et le christianisme »[2], il sait aussi lui rendre justice :

> « [L'Allemagne possède] des vertus plus *viriles* que n'en pourrait offrir aucun autre pays d'Europe. Beaucoup de bonne volonté, de respect de soi-même, un sens très sûr des échanges, de la réciprocité des devoirs, le goût du travail, beaucoup d'endurance, et une modération héréditaire, qui appelle l'aiguillon plus que le frein. J'ajouterai qu'on y obéit encore sans que l'obéissance soit humiliante... Et personne ne méprise son adversaire... »[3]

Cet ensemble de qualités viriles, et surtout la *tenue* – *Anstand*, comme on dit en Allemagne – font des Allemands un peuple éminemment perfectible, éducable, malléable, en perpétuel apprentissage et, s'il n'a pas encore d'existence propre et radieuse au présent, il *peut* avoir un devenir sublime à condition de croître culturel-

---

[1] LANGBEHN, Julius. « L'ALLEMAGNE, ARISTOCRATIE DU MONDE », 1891

[2] NIETZSCHE, Friedrich. « Crépuscule des idoles », éditions Gallimard, collection Folio essais, 1974, La Flèche, 2002, page 52

[3] NIETZSCHE, Friedrich. « Crépuscule des idoles », éditions Gallimard, collection Folio essais, 1974, La Flèche, 2002, page 51

lement, de s'imposer une *sélection*, de se fixer un *but* allant dans le sens d'un idéal européen, et non, prosaïquement, d'un simple Reich.

En 1885, Nietzsche écrit un aphorisme dans lequel se trouve cette étonnante confidence :

> « (...) un jour, espérons-le, nous deviendrons physiquement des Grecs ! C'est là, et cela a toujours été là, ce que j'espère du germanisme ! »[1]

Finalement, en dépit des nombreuses et sévères critiques de Nietzsche à l'égard de son pays, il confesse aussi attendre beaucoup de celui-ci. Peut-être sent-il que, de toutes les nations du vieux continent, l'Allemagne est la moins malade de la volonté, et donc la plus prompt à pouvoir un jour porter un étendard nouveau, succédant ainsi à la France de Napoléon pour pouvoir unir le continent. Peut-être aussi que ce qu'il vitupère dans la culture allemande, comme son caractère anarchique, étriquée et encore naïve, n'est que le symptôme de sa jeunesse, laquelle porte par conséquent de nombreux espoirs pour l'avenir.

Mais Nietzsche ne s'y trompe pas : s'il a conscience du potentiel que représente le germanisme en Europe, il sait aussi tous les risques que fait courir l'Allemagne sur le continent, notamment à cause de guerres catastrophiques :

> « L'essence du germanisme n'existe pas encore, elle est en devenir ; elle naîtra un jour, afin de se

---

$!NIETZSCHE, Friedrich. « La volonté de puissance II », éditions Gallimard, collection Tel, 1995, Mesnil-sur-l'Estrée, 2006, page 277

> montrer avant tout claire et honnête à ses propres yeux. *Mais toute naissance est pénible et violente.* »[1]

3 – L'Angleterre

Parmi les peuples d'Europe qui comptent, les Anglais sont toujours jugés négativement par Nietzsche. Il les évoque presque toujours avec une franche antipathie. Tout, ou presque, l'exaspère. La seule chose qu'il leur reconnait, c'est qu'ils souffrent surement moins que les autres de la « maladie de la volonté », c'est-à-dire l'aboulie :

> « (...) la force de vouloir, (...) nettement plus ferme en Angleterre »[2] .

Mais cette force de la volonté s'exprime, malheureusement pour Nietzsche, dans des perspectives et des visées qui sont, tant au niveau physique que métaphysique, les plus dénuées de toute noblesse, les plus prosaïques et les plus basses. C'est que Nietzsche reproche avant tout à l'Angleterre : d'être le terreau de toutes les « idées modernes » qu'il méprise, et en lesquelles il ne voit que les symptômes du ressentiment, de la révolte des esclaves et de l'abêtissement de l'homme.

---

[1] Ibid, page 304

[2] NIETZSCHE, Friedrich. « Par delà bien et mal », éditions Gallimard, collection Folio essais, 1971, Mesnil-sur-l'Estrée, 2008, page 126

> « N'oublions pas enfin qu'une fois déjà la profonde médiocrité des anglais a entrainé un abaissement général de l'esprit européen : ce qu'on appelle les « idées modernes » ou les « idées du XVIIIème siècle » ou aussi les « idées françaises » contre lesquelles l'esprit *allemand* s'est insurgé avec un profond dégoût, ces idées ont été d'origine anglaise, on ne peut avoir de doute à ce sujet. (...) la vulgarité européenne, la bassesse plébéienne des idées modernes est l'œuvre de l'*Angleterre*. »[1]

À travers l'Angleterre, ce sont toutes ces « idées modernes » que Nietzsche pourfend avec véhémence, puisque c'est là-bas qu'elles sont nées, avec toute la philosophie utilitariste, pragmatique, démocratique et libérale propre à l'Anglo-Saxon. Ces idées modernes sont passées en France au XVIIIème siècle, inspirant pour beaucoup les Lumières.

Il est vrai que le « flegme anglais » pourrait sembler tout à fait aux antipodes de la philosophie nietzschéenne, laquelle, a priori, fait la part belle aux passions et aux éclats explosifs dans lesquels on reconnaît la vie. L'Anglais manque de musique, de rythme, de légèreté dionysiaque :

> « (...) on ne rencontre dans les mouvements de son âme et de son corps ni rythme ni danse, pas même leur désir, pas la moindre aspiration à la « musique » »[2].

---

[1] NIETZSCHE, Friedrich. « Par delà bien et mal », éditions Gallimard, collection Folio essais, 1971, Mesnil-sur-l'Estrée, 2008, page 175

[2] Ibid, page 172

Pire encore pour Nietzsche : l'Anglais est encore plus *drogué* de christianisme que ne le sont les autres peuples européens, pour la simple raison que, étant encore plus rustre que l'Allemand, il en a nécessairement besoin pour *s'humaniser*, pour se polir et passer pour civilisé.

Foncièrement antipathique est également pour Nietzsche le « conformisme » anglais, ce goût de la façade, de l'apparence, cette superstition du confort, de la *fashion*, et cette moralité pédante, cette tartufferie qui ne s'utilise trop souvent que pour justifier des intérêts commerciaux. Lorsqu'un anglais dit « Dieu », il faut entendre « Coton », dit-il en plaisantant. En vérité, Nietzsche méprise dans l'Angleterre tout son prosaïsme bourgeois et capitaliste, dans lequel il voit un abêtissement de l'Europe. Pour lui, le modèle libéral, individualiste et démocratique, porté par les anglo-saxons, est le modèle le plus dégradant, le plus prompt à détruire *l'âme européenne.*

Il prédit pour l'Angleterre :

> « Personne, en effet, ne croit plus que l'Angleterre soit assez forte pour continuer à jouer son ancien rôle, ne fut-ce que cinquante ans »[1]

Mais, ce faisant, il la sous-estime, car les Anglais seront encore capables de se battre pour conserver leur force et leur empire (toujours à propos de l'Angleterre, Nietzsche écrit : « De nos jours, il est indispensable d'être soldat si l'on ne veut pas perdre son crédit de commerçant. »[2]) ; et,

---

[1] NIETZSCHE, Friedrich. « La volonté de puissance II », éditions Gallimard, collection Tel, 1995, Mesnil-sur-l'Estrée, 2006, page 293
[2] Ibid, page 293

s'il est toutefois vrai que les Anglais perdront leur hégémonie, Nietzsche ne se doute pas que d'autres Anglo-Saxons (les Américains) reprendront le flambeau du modèle anglais, commerçant, libéral, démocratique et individualiste, qu'ils parviendront à imposer, cette fois-ci complétement, à l'Europe.

4 – La Russie

Les Russes ont toujours représentés pour Nietzsche des barbares de l'Est, des *méchants*, voire des brutes.

> « « Les méchants ne chantent pas »... Comment se fait-il que les russes chantent ? »[1]

Mais chez Nietzsche, « méchant » n'a pas forcément un sens péjoratif ; au contraire, cet état, encore proche de la barbarie, cette habilité à la dureté face à l'existence, font que les Russes sont ceux qui souffrent le moins, parmi les peuples européens ou apparentés, de la maladie de la volonté ; qu'ils peuvent, avec abnégation, ténacité, patience et froideur, fixer leur volonté pour des siècles.

> « (...) Mais elle est la plus forte [la force du vouloir] et la plus surprenante dans cet immense Empire du Milieu où l'Europe reflue en quelque sorte vers l'Asie, en Russie. Là, l'énergie de la volonté s'est depuis longtemps accumulée et thésaurisée, là elle

---

[1] NIETZSCHE, Friedrich. « Crépuscule des idoles », éditions Gallimard, collection Folio essais, 1974, La Flèche, 2002, page 14

> attend, menaçante – pour s'affirmer ou pour nier, on ne le sait encore – »[1]

Nous verrons dans la deuxième partie qu'il y a, dans la vision de Nietzsche sur la Russie, une grande part prophétique quant au rôle que celle-ci pourrait éventuellement jouer dans l'avenir de l'Europe. Mais, en avant-goût, on peut déjà s'arrêter sur cette phrase mystérieuse : « pour s'affirmer ou pour nier », qui, si on la comprend bien, est une interrogation qui révèle étrangement bien ce que deviendra la Russie en 1917, c'est-à-dire une force, certes menaçante, mais qui, en étant communiste, veut *nier* la Russie en tant que telle, pour faire place à une nouvelle patrie d'un genre nouveau : l'URSS.

Afin de rendre justice aux Russes, il faut signaler que Nietzsche est cependant, en dépit des relents barbares qu'il discerne dans cette nation, un grand admirateur de la culture russe, et notamment de Dostoïevski, en qui il voit le plus grand des psychologues, le plus fin connaisseur de l'être humain.

5 – Les Juifs

Pour Nietzsche, les Juifs font inévitablement partie de l'Europe, et, plus encore, du *problème européenne*. Est-il antisémite ? C'est là une question sérieuse qui a fait couler beaucoup d'encre. S'il est vrai que Nietzsche se montre

---

[1] NIETZSCHE, Friedrich. « Par delà bien et mal », éditions Gallimard, collection Folio essais, 1971, Mesnil-sur-l'Estrée, 2008, page 126

parfois très dur à l'égard du rôle historique qu'il attribue aux Juifs (ils sont, entre autre, les instigateurs de la pensée de la révolte des esclaves avec le christianisme), il n'en reste pas moins farouchement ennemi de l'antisémitisme qui sévit à son époque, dans lequel il ne voit que jalousie, ressentiment et vulgarité.

> « Ce que l'Europe doit aux Juifs ? Beaucoup de choses, bonnes et mauvaises, et surtout ceci, qui appartient au meilleur et au pire : le grand style dans la morale, l'horreur et la majesté des exigences infinies, des significations infinies, tout le romantisme sublime des problèmes moraux, et par conséquent ce qu'il y a de plus séduisant, de plus captieux et de plus exquis dans ces jeux de lumière et ces invitations à la vie, au reflet desquels le ciel de notre civilisation européenne, son ciel vesperal, rougeoie aujourd'hui peut-être de son ultime éclat. Nous qui assistons en artistes et en philosophes à ce spectacle, nous en sommes – reconnaissants aux Juifs. »[1]

Il y a dans cet aphorisme toute l'ambiguïté de Nietzsche sur la question juive. Les Juifs semblent avoir à la fois apporté beaucoup de choses positives à l'Europe (et notamment une partie de sa singularité, puisqu'il sait gré aux marchands juifs du moyen-âge d'avoir évité que l'Europe ne se transforme en une partie de l'Asie), mais, d'un autre côté, d'avoir aussi apporté nombres d'éléments nuisibles, et en premier lieu la source inépuisable de la

---

[1] NIETZSCHE, Friedrich. « Par delà bien et mal », éditions Gallimard, collection Folio essais, 1971, Mesnil-sur-l'Estrée, 2008, page 169

décadence et du nihilisme, à savoir les sentiments moraux issus du ressentiment. Nietzsche continue :

> « Les Juifs constituent sans aucun doute la race la plus forte, la plus résistante et la plus pure qui existe actuellement en Europe ; ils savent s'imposer même dans les conditions les plus dures (mieux même que dans les conditions favorables) grâce à de mystérieuses vertus qu'on voudrait maintenant qualifier de vices, grâce surtout à une foi décidée qui n'a pas à éprouver de honte en présence des « idées modernes » ; (...) Un penseur qui prend à cœur l'avenir de l'Europe devra tenir compte dans ses plans aussi bien des Juifs que des Russes, qui désormais entreront le plus certainement en jeu dans le grand conflit des forces. Ce qu'aujourd'hui nous nommons une « nation » en Europe, cette entité de fait plutôt de nature (quand elle ne ressemble pas à s'y méprendre à une fiction), est dans tous les cas une réalité en devenir, jeune, fragile, pas encore une race, moins encore un *aere perennius* comme le peuple juif ; ces « nations » donc devraient se garder soigneusement de toute concurrence et de toute hostilité irréfléchie. C'est un fait que, s'ils le voulaient ou si on les y contraignait, comme les antisémites semblent vouloir le faire, les juifs *pourraient* dès aujourd'hui avoir la prépondérance, littéralement dominer l'Europe ; c'est un fait aussi qu'ils n'y travaillent pas et ne font pas de projets dans ce sens. Pour le moment, ce qu'ils veulent et souhaitent, et même avec une certaine insistance, c'est d'être absorbé par l'Europe, ils brûlent de se fixer enfin quelque part, d'y être acceptés et considérés, de mettre un

> terme à leur nomadisme de « juifs errants ». On ferait bien de prendre conscience et de *tenir compte* d'une telle aspiration, où s'exprime peut-être déjà une certaine atténuation des instincts judaïques ; c'est pourquoi il serait peut-être utile et juste d'expulser du pays les braillards antisémites. »[1]

Mais les « braillards antisémites », avec l'Allemagne national-socialiste, prendront le pas en Europe, là où Nietzsche semble préférer, au moins d'un point de vue symbolique, qu'un métissage s'opère entre les Juifs et les officiers de la Marche, c'est-à-dire les aristocrates prussiens. Pour lui, un tel mélange, celui du « génie de l'argent et de la patience »[2] avec celui de « l'art héréditaire de commander et d'obéir »[3] pourrait créer une caste nouvelle digne de dominer l'Europe.

B) Le nihilisme européen

L'Europe des peuples et des nations qui s'apprêtait bientôt à achever le XIXème siècle, offre à Nietzsche une vision tout à fait pessimiste, interrogatrice et inquiète. Il voit monter en son sein la menace d'un nihilisme qui projette une ombre grandissante, ombre qui doit nécessai-

---

[1]NIETZSCHE, Friedrich. « Par delà bien et mal », éditions Gallimard, collection Folio essais, 1971, Mesnil-sur-l'Estrée, 2008, page 170-171
[2] Ibid, page 171

[3] Ibid, page 171

rement finir par détruire la singularité et la force de la civilisation européenne si elle n'est pas repoussée par le soleil d'une nouvelle renaissance. Ce qui attire l'attention du philosophe, c'est moins la décadence d'ordre matériel, économique ou politique, que la décadence de la vie morale de l'Europe, prégnante à travers l'ensemble de ses manifestations, c'est-à-dire l'ensemble de sa vulgate, ses nouvelles « idées reçues » – qui étaient alors les fameuses « idées modernes » –, sa spiritualité, ainsi que toutes ses productions artistiques ou philosophiques.

> « Toute notre civilisation européenne se meut depuis longtemps déjà dans une attente torturante qui croît de lustre en lustre et qui mène à une catastrophe ; inquiète, violente, précipitée, elle est un fleuve qui veut arriver *à son terme*, elle ne réfléchit plus, elle redoute de réfléchir. »[1]

Nietzsche voit poindre la victoire totale du *nihilisme*, entendu comme une perte totale de sens et de valeurs pouvant seuls pousser, galvaniser et faire perdurer une civilisation. Le problème est que les valeurs et la spiritualité chrétiennes ne peuvent plus guider les temps modernes comme elles avaient pu inspirer les Européens aux siècles précédents. Premièrement, l'avènement de la science et de la technique a abouti à *la mort de Dieu*, c'est à dire à un monde qui se passe désormais de Dieu pour expliquer les phénomènes. Il est donc très difficile de revenir à la chrétienté à un moment où, précisément, le savoir et la liberté permettaient de s'en émanciper. Mais, pour Nietzsche, cela n'est pas seulement difficile, ce n'est pas

[1] NIETZSCHE, Friedrich. « La volonté de puissance II », éditions Gallimard, collection Tel, 1995, Mesnil-sur-l'Estrée, 2006, page 23

souhaitable du tout, car le christianisme jette sur la vie un opprobre, un anathème qui n'a eu de cesse de juguler et de castrer les humanités supérieures, ou qui les a rendues malades de par la schizophrénie qu'elle leur impose : forts, dominateurs, créateurs, le christianisme les oblige à s'agenouiller devant des valeurs obscurantistes et égalitaires de pitié et d'humilité. Pour Nietzsche, il faut accepter la mort de Dieu et trouver quelque chose de nouveau et de plus fort pour guider les Européens de l'avenir.

En revanche, dans le temps compris entre la constatation que Dieu est mort, c'est-à-dire l'affaiblissement du christianisme dans les consciences, et la découverte de nouvelles valeurs et d'un nouvel absolu, il y a la place pour un chaos dangereux et un nihilisme mortel.

1 – Les siècles européens

La civilisation européenne est héritière des Grecs, mais, comme Hegel le pensait, Nietzsche ne fait pas du « moment » grec une simple étape dans le développement de l'Europe, mais un véritable modèle auquel toutes les tentatives de sublimer l'Europe, dans les siècles qui suivirent, se rattachèrent. Ainsi en fut-il de la Renaissance, moment dans lequel la « *virtu* », un regain du paganisme, un humanisme et un scepticisme souriant (celui de Montaigne), furent sur le point de faire renaître une Europe belle comme à l'antique. Ce retour ensoleillé à l'antiquité fut frustré par l'apparition de Luther et du protestantisme, qui ramenèrent l'Europe dans l'obscurantisme d'un christianisme plébéien, en révolte contre la pompe de l'Eglise et de sa hiérarchie aristocratique.

Le XVIIème siècle français, le siècle classique, est pour Nietzsche celui du règne de la *raison*, mais d'une raison non pas entendue comme un dérivée froid d'un *raisonnable* ennuyeux, mais au contraire d'une raison impérieuse, d'une attitude héroïque, de la puissance de la volonté, symbolisées par Descartes. Ce siècle « propre, exact, libre »[1], classique (donc sain pour Nietzsche), est celui qui se rapproche le plus du modèle grec.

> « Le XVIIème siècle est *aristocratique*, ordonnateur, hautain envers l'animalité, sévère pour le cœur, désagréable, sans bonhomie, sans rien d'allemand ; hostile au burlesque et au naturel, généralisateur et souverainement libre à l'égard du passé ; car il croit en soi. Beaucoup du fauve au fond, beaucoup d'exercice ascétique pour garder sa maîtrise. Le siècle *volontaire* ; celui des passions fortes également. »[2]

Lui succède le XVIIIème siècle, à la sensibilité féminine : Rousseau y perce, amenant avec lui le règne du sentiment et le début du romantisme.

> « Le XVIIIème siècle est dominé par la *femme* ; exalté, spirituel ; plat, mais avec un esprit qui est au service des « biens désirables », du cœur ; « libertin » jusque dans les plaisirs de l'esprit, minant

---

[1] NIETZSCHE, Friedrich. « La volonté de puissance II », éditions Gallimard, collection Tel, 1995, Mesnil-sur-l'Estrée, 2006, page 26
[2] Ibid, page 29

> toute autorité ; enivré, gai, clair, humain, faux à ses propres yeux, très canaille dans le fond, sociable... »[1]

Ce XVIIIème siècle découvre également à l'Europe les « idées modernes », qui, par l'entremise du sentiment – qui prend le pas, avec Rousseau, sur la Raison –, vont peu à peu saper l'héritage classique, amenant alors des temps nouveaux, agités, comme l'est le XIXème siècle.

> « Le XIXème siècle est plus *animal*, plus souterrain, plus laid, plus réaliste, plus plébéien et pour cette raison « meilleur », « plus honnête », plus soumis aux « réalités » de tout ordre, *plus vrai* ; mais faible de volonté, mais triste et plein d'obscures convoitises, mais fataliste. »[2]

Ce XIXème siècle est pour Nietzsche celui du pessimisme. En somme, cette progression (ou cette dégénérescence) des trois siècles se révèle ainsi : le XVIIème se rapproche de la perfection, il représente la tradition, la volonté forte, l'idéal européen : c'est *le grand siècle* ; le XVIIIème siècle va rire avec Voltaire et remettre en cause le classicisme, la tradition et le geste aristocratique, à l'aide des idées modernes et de la sentimentalité, ce qui va déboucher sur le XIXème, un siècle qui se cherche, qui est devenu pessimiste et inquiet, un siècle qui voit naitre en lui l'avènement du nihilisme.

Cela se constate pour Nietzsche parce que l'Europe, au XIXème, ne s'appuie que sur des théories qui nient la vo-

---

[1] NIETZSCHE, Friedrich. « La volonté de puissance II », éditions Gallimard, collection Tel, 1995, Mesnil-sur-l'Estrée, 2006, page 29
[2] Ibid, page 29

lonté : que ce soit dans le sens de l'Histoire (hégélien puis marxiste), ou dans la découverte de la toute puissance des déterminismes (que l'on trouve chez Schopenhauer, chez Darwin ou chez Gobineau), elle semble souhaiter se soumettre au *fatalisme* ; ce qui, déjà, est un symptôme de décadence et de nihilisme.

> « Cause de l'avènement du pessimisme :
>
> (...) 4. Le rabougrissement, la susceptibilité à la douleur, l'inquiétude, la hâte, le fourmillement augmentent sans cesse ; il devient de jour en jour plus aisé de se rendre compte de ce que représentent toute cette agitation et notre prétendue « civilisation » ; et l'individu, devant cette machinerie démesurée, *renonce à la lutte et se soumet.* »[1]

Or, Nietzsche considère que l'approche, par les positivistes et les socialistes du XIXème, du *social*, n'est précisément que ce qu'il appelle la « susceptibilité à la douleur » ; les changements politiques constants, les frénésies scientifiques ou intellectuelles, la mélancolie du romantisme, c'est-à-dire tout ce qui caractérise le XIXème, ne sont que « l'inquiétude, la hâte, le fourmillement (...) » d'un siècle qui se cherche parce qu'il a perdu le sens de la transcendance ; qui ne sait plus, en somme, sur quoi s'appuyer moralement. Tout ceci n'est pour Nietzsche que le produit de la décadence de l'Europe, même s'il lui arrive très souvent de s'interroger sur la nature de cette décadence de son siècle, qui semble revêtir une forme toute particulière :

---

[1] NIETZSCHE, Friedrich. « La volonté de puissance II », éditions Gallimard, collection Tel, 1995, Mesnil-sur-l'Estrée, 2006, page 33

« Si notre temps n'est pas un temps de décadence et d'énergie vitale déclinante, c'est à tout le moins un temps de *tâtonnement* irréfléchi et capricieux – et il est vraisemblable que d'une profusion d'expériences manquées se dégage une impression comparable à celle de la décadence ; peut-être même la chose elle-même, la décadence. »[1]

2 – La décadence de l'Europe

Nietzsche voit dans son siècle de nombreux symptômes de décadence. Celle-ci ne recouvre pas pour lui ce que des auteurs traditionnellement réactionnaires entendent par ce mot. La décadence n'est pas nécessairement une déréliction des mœurs ou l'affaiblissement d'une puissance matérielle, mais essentiellement l'accomplissement physique du nihilisme.

« Sur la *notion de décadence :*

1. Le scepticisme est une conséquence de la décadence, de même que le libertinage d'esprit.
2. La corruption des mœurs est une suite de la décadence (faiblesse de la volonté, besoin de stimulants forts...)

(...)

4. Le nihilisme n'est pas une cause, mais une suite logique de la décadence.

[1] Ibid, page 36

> 5. Le « bon » et le « méchant » sont deux types décadents ; ils sont solidaires dans tous les phénomènes fondamentaux.
>
> 6. La *question sociale* est une conséquence de la décadence. »[1]

En somme, c'est toute la *modernité* européenne qui est symptôme de décadence, car la modernité pose précisément comme premier postulat le rejet de tous dogmatismes, notamment religieux, ce qui fait verser, immanquablement, dans un scepticisme, une sorte de relativisme qui est, pour Nietzsche, moins le signe d'une intellectualité supérieure que d'un potentiel de vie déclinant, car incapable de croire et de fixer une volonté. Ensuite, la modernité, par sa critique naturelle de la tradition et son penchant pour le libéralisme, s'accompagne nécessairement d'une corruption des mœurs ; je dis « s'accompagne », et non « produit », au contraire d'un réactionnaire, car en vérité, pour Nietzsche, c'est la dégénérescence de la volonté et du goût qui produit le relâchement des mœurs, qui, *ensuite, seulement*, s'autojustifie dans le libéralisme. De cette destruction du classique et de la tradition naît ensuite, comme nous l'avons vu, un nihilisme.

> « Que signifie le nihilisme ? *Que les valeurs supérieures se déprécient.* »[2]).

Mais, malgré ce nihilisme, il persiste une vision qui ne parvient pas, au fond, à s'émanciper de la vision chré-

---

[1] NIETZSCHE, Friedrich. « La volonté de puissance II », éditions Gallimard, collection Tel, 1995, Mesnil-sur-l'Estrée, 2006, page 39
[2] Ibid, page 50!

tienne du « bon » et du « méchant », c'est-à-dire en somme, des interprétations morales : celles-ci trouvent dans la modernité des succédanés, notamment par le truchement d'une nouvelle moralité progressiste, humaniste, voire socialiste. Et, particulièrement, la question sociale, prise comme étant un objet d'étude, un enjeu politique, est pour Nietzsche la preuve que la désorganisation sociale, produite par la modernité, est à un point d'anarchie, de grande décadence.

Tous les traits de la modernité ne sont donc, sous couvert de « progrès », que des symptômes d'une décadence, qui se constate aussi d'un point de vue individuel.

> « Le progrès – Ne nous faisons point d'illusion : le temps est en marche ; nous aimerions croire que tout ce qu'il contient court aussi en avant, que l'évolution est une marche en avant... C'est l'apparence qui séduit les plus réfléchis. Mais le XIXème siècle n'est pas en progrès sur le XVIe ; et l'esprit allemand de 1888 est en régression sur l'esprit allemand de 1788... L'« humanité » n'avance pas, elle n'existe même pas encore. L'aspect global est épars à travers les siècles, et où des masses inouïes de tentatives échouent, où manque toute espèce d'ordre, de logique, de lien et d'obligation. Comment pourrions-nous méconnaitre que l'avènement du christianisme a été un mouvement de décadence ?... Que la Réforme allemande est une recrudescence de la barbarie chrétienne ?... Que la Révolution a détruit l'instinct des grandes organisations sociales ?... L'homme n'est pas en progrès sur l'animal : le civilisé débile est un avorton, auprès de l'Arabe et du Corse ; le Chinois

> est un type plus réussi, c'est-à-dire plus durable que l'Européen... »[1]

Le progrès n'est donc qu'un mot, et au niveau individuel, Nietzsche est sans détour :

> « Contre cette *grande erreur*, que notre époque (Europe) représenterait le *type d'homme supérieur*. Tout au contraire, les hommes de la Renaissance étaient plus grands ; les Grecs également. Peut-être sommes nous même à un niveau *assez bas* (...) »[2]

Cette décadence de l'homme moderne européen, Nietzsche n'a de cesse de la conspuer ; il juge que ce type d'homme, alors en train de naître, est l'enfant de tout ce que la décadence peut produire de plus médiocre. Car il arrive que la décadence produise de beaux types, notamment à travers le romantisme (Nietzsche pensait que le romantisme était une conséquence de la décadence, mais de laquelle sortait des parfums enivrants de décomposition) ; mais l'Européen moderne se transforme en fonctionnaire, doux, tolérant, fataliste, sceptique en tout, et, lorsque Nietzsche fait annoncer à Zarathoustra le *Dernier Homme*[3], le plus médiocre, le plus petit, le plus méprisable, c'est indubitablement à *cet* Européen décadent moderne qu'il pense, ou du moins celui qu'il est en train de devenir (et d'aucun trouverait la description de ce der-

---

[1] NIETZSCHE, Friedrich. « La volonté de puissance II », éditions Gallimard, collection Tel, 1995, Mesnil-sur-l'Estrée, 2006, page 24
[2] Ibid, page 35

[3] NIETZSCHE, Friedrich. « Ainsi parlait Zarathoustra », éditions GF-Flammarion, 1996, Manchecourt, 199, page 53

nier homme dans l'Européen postmoderne d'aujourd'hui).

3 – La dégénérescence de la politique

> « Ce qui est le plus attaqué de nos jours, c'est l'instinct et la volonté de persister dans la *tradition* ; toutes les institutions qui tirent leur origine de cet instinct répugnent au goût moderne... Au fond, on ne pense et on ne travaille qu'à déraciner ce sens de la tradition. On envisage la tradition comme une fatalité ; on l'étudie, on la constate (sous forme d' « hérédité »), mais on ne la *veut* pas. Une volonté tendue à travers les siècles, une sélection d'états et de valeurs qui permettent de disposer de la suite des siècles à venir – tout cela est éminemment antimoderne. D'où il résulte que ce sont les principes de *désorganisation* qui donnent à notre époque son caractère. »[1]

Selon Nietzsche, du mépris moderne pour la tradition s'ensuit une désorganisation sociale qui, à partir de la Révolution, n'a de cesse de bousculer les vieux ordres européens. Ceux-ci, s'ils n'étaient pas parfaits, témoignaient toutefois d'une volonté tendue à travers les siècles de continuité, de développement et d'organisation. Ces formes politiques classiques naissaient d'*instincts* de cohésion,

---

[1] NIETZSCHE, Friedrich. « La volonté de puissance II », éditions Gallimard, collection Tel, 1995, Mesnil-sur-l'Estrée, 2006, page 61

de hiérarchie et d'autorité, *instincts* qui désormais font défauts.

> « L'Occident tout entier a perdu ces instincts d'où naissent des institutions, d'où nait un *avenir* : rien qui aille plus à rebours de son « esprit moderne ». On vit au jour le jour, on vit très vite, on vit de manière très irresponsable : c'est précisément cela que l'on appelle la « liberté ». Ce qui *fait* que les institutions sont des institutions, on le méprise, on le déteste, on le repousse : on se croit menacé d'une nouvelle servitude dès que le mot « autorité » est prononcé à haute voix. La *décadence* de l'instinct des valeurs chez nos politiciens, dans nos partis politiques, va si loin qu'ils *préfèrent d'instinct* tout ce qui hâte la décomposition, la fin... »[1]

Et parmi ce que les politiciens « modernes » préfèrent, il y a ce que Nietzsche considère comme des organisations et idéologies politiques parmi les plus symptomatiques de la décadence, les plus proches du nihilisme, les plus représentatives de la médiocrité : la démocratie et le socialisme.

La démocratie et le socialisme sont pour Nietzsche les formes les plus dégradantes – *et dégradées* – du politique. Il ne voit la réussite de la première, et les prodromes de la seconde, qu'avec colère et inquiétude, car il est certain qu'elles procèdent toutes deux du ressentiment des esclaves, des instincts les plus bas de la masse qui, par son accroissement et sa déchéance, couplés à la

[1] NIETZSCHE, Friedrich. « Crépuscule des idoles », éditions Gallimard, collection Folio essais, 1974, La Flèche, 2002, page 85

réduction drastique du nombre d'hommes supérieurs, prend petit à petit le dessus en Europe.

Car pour Nietzsche, la démocratie, le socialisme et l'anarchisme ont une origine commune : chacun à leur façon, ils perpétuent un idéal chrétien qui se serait sécularisé :

> « l'anarchiste et le chrétien ont une seule et même origine... »[1]

Chacun à leur façon, ils ne seraient que des tentatives de faire triompher dans la civilisation européenne tout ce qui est bas, plébéien et populacier – la *canaille*, comme Nietzsche aime à les qualifier. C'est que, pour lui, l'histoire de l'humanité pourrait se diviser par l'exemple de deux morales qui s'opposent : lorsque l'humanité professe la morale des forts, l'humanité est sur une voie ascendante ; lorsqu'elle professe la morale des faibles, elle entre irrémédiablement dans la décadence. Or, la démocratie, le socialisme et consorts (c'est-à-dire toutes les idées modernes qui aspirent à l'égalité, à la paix, à l' « humanité » etc.) sont les rejetons de cette morale des faibles qui prospère désormais sur la mort de la religion chrétienne, tout en ne rejetant pas les fondements de cette même religion, au contraire : en récupérant son idiosyncrasie et l'instinct nihiliste qui la fit naitre et vivre. Par exemple :

> « Quand le chrétien condamne, dénigre, salit le *monde*, il le fait par le même instinct qui pousse

---

[1] NIETZSCHE, Friedrich. « L'antéchrist *suivi de* Ecce Homo », éditions Gallimard, collection Folio essais, 1990, La Flèche, 2002, page 81

> l'ouvrier socialiste à condamner, dénigrer, salir la *société*. Le « Jugement dernier » même est encore la douce consolation qu'attend l'esprit de vengeance, la Révolution, telle que l'ouvrier socialiste l'espère, seulement repoussée à un peu plus tard. »[1]

Cependant, non seulement la démocratie et le socialisme sont les produits de la décadence, mais ils permettent, ils favorisent également, cette même décadence. Etant donné que ces deux formes politiques (qui n'en font, à peu de chose près, qu'une pour Nietzsche) sont le résultat de la vengeance de l'homme grégaire sur les natures supérieures, il en découle naturellement que leur objectif est de maintenir et de préserver l'homme à l'état grégaire, de ne surtout pas favoriser l'émergence de nature élevée.

> « La *dégénérescence générale de l'humanité*, son abaissement au niveau de ce que les rustres et les têtes plates du socialisme tiennent pour « l'homme futur » – leur idéal ! –, cette déchéance et ce rapetissement de l'homme transformé en bête de troupeau (l'homme, comme ils disent, de la « société libre »), cette bestialisation des hommes ravalés au rang des gnomes ayant tous les mêmes droits et les mêmes besoins (...) »[2]

Car le trait commun qu'ont pour Nietzsche la démocratie et le socialisme est leur appétence à l'Etat, « le plus froid

---

[1] NIETZSCHE, Friedrich. « Crépuscule des idoles », éditions Gallimard, collection Folio essais, 1974, La Flèche, 2002, page 78

[2] NIETZSCHE, Friedrich. « Par delà bien et mal », éditions Gallimard, collection Folio essais, 1971, Mesnil-sur-l'Estrée, 2008, page 117

des monstres froids »[1], c'est-à-dire une entité dont l'essentiel de la vocation est d'infantiliser les hommes, de les chaperonner à ce point qu'ils se réduisent, qu'ils se conforment, qu'ils se nivellent tous dans une volonté commune d'égalité qui ne peut être possible que dans l'affaissement de toutes les individualités. L'Etat, en s'occupant de la justice, en s'occupant du social, en s'occupant de promulguer des lois semblables pour tous, dessèche le potentiel humain, car il ne peut créer, par là, que des fonctionnaires à l'esprit nécessairement grégaire, prosaïque et borné. Il cherche à faire des hommes de purs instruments, les privant de leur liberté fondamentale, et les affaiblissant intrinsèquement en les privant de leur responsabilité.

La démocratie est donc, avec son principe du *pouvoir de la majorité*, à la fois la conséquence d'un « déchainement de paresses, de lassitudes, de *faiblesses* »[2], mais également une garantie que cette faiblesse soit maintenue, soit pérenne dans la société. Toutes ces formes politiques nouvelles, issues des « idées modernes », participent à la décadence de l'Europe, et, par conséquent, au nihilisme qui en résulte. Nietzsche relie d'ailleurs totalement la décadence de la civilisation et de l'âme européenne avec l'avènement en son sein de la démocratie :

> « L'Europe est un monde qui s'effondre. La démocratie est une forme décadente de l'Etat. »[3]

---

[1] NIETZSCHE, Friedrich. « Ainsi parlait Zarathoustra », éditions GF-Flammarion, 1996, Manchecourt, 1996, page 87

[2] NIETZSCHE, Friedrich. « La volonté de puissance II », éditions Gallimard, collection Tel, 1995, Mesnil-sur-l'Estrée, 2006, page 103

[3] Ibid, page 103

4 – Les signes d'un bouddhisme européen

Au sein d'une civilisation européenne qui ne peut plus croire comme elle le faisait auparavant aux dogmes chrétiens, qui ne peut décidément plus céder aux injonctions et aux impératifs de l'Eglise, et qui a, du haut de son « Progrès », de sa science et de sa technique, admis que Dieu était mort, une crise du sens et des valeurs supérieures auxquelles ont se raccroche ne pouvait qu'advenir.

Mais encore faut-il, pour parvenir à se *déterminer* un sens, un potentiel de force et de vie. Il faut un sûr *instinct* de survie en soi pour vouloir encore se choisir un sens vers lequel tendre et marcher. Mais le problème du nihilisme européen, pour Nietzsche, réside, justement, dans un appauvrissement de la vie, c'est-à-dire une volonté amoindrie, un procédé éminemment émollient qui s'immisce partout, et qui commande désormais aux hommes des désirs de paix, de modération, de torpeur et d'égalité. De surcroit, les Européens en viennent de plus en plus à se poser la question symptomatique du nihilisme dans toute son étendue : « à quoi bon ? ». L'alliance entre des désirs pusillanimes et l'absence de réelles croyances, de motivations, prise dans un scepticisme mêlé d'un relativisme paresseux, fait que l'Europe semble prête à un *second bouddhisme*.

Par bouddhisme, Nietzsche entend une religion intelligente, sensible à l'excès, tolérante et d'une grande aménité, mais qui n'en reste pas moins une religion de faible, faite pour « l'aboutissement, la lassitude de la civilisation »[1], parce que poussant à l'égalité plutôt qu'à la hiérarchie, la paix plutôt qu'à la guerre, et à la compassion – signes, pour Nietzsche, de la décadence des instincts. En somme, il serait un « christianisme dépouillé de ses dogmes absurdes »[2], une sorte d'état de fait et de conscience, qui ferait de l'Européen moderne un être dépouillé de passion, n'aspirant qu'au calme, qu'à la petite besogne, la petite vertu, la modération en tout et pour tout.

Parmi les signes annonciateurs du bouddhisme que Nietzsche voit croître en Europe :

> « La prédominance croissante de la pitié. La lassitude intellectuelle. La réduction de tous les problèmes à des questions de plaisir et de douleur. »[3]

Aussi : « le bouddhisme progresse-t-il en silence dans toute l'Europe »[4] – et il n'est pas étranger, lui non plus, à ce nihilisme européen, qui annonce, pour Nietzsche, rien de moins qu'un siècle de barbarie.

---

1 NIETZSCHE, Friedrich. « L'antéchrist *suivi de* Ecce Homo », éditions Gallimard, collection Folio essais, 1990, La Flèche, 2002, page 33

2 NIETZSCHE, Friedrich. « La volonté de puissance II », éditions Gallimard, collection Tel, 1995, Mesnil-sur-l'Estrée, 2006, page 46

3 Ibid, page 45

4 Ibid, page 46!

II

L'avenir de l'Europe

A) Un siècle de barbarie

> « La masse énorme de hasard, de contradiction, de discordance, d'absurdité qui existe dans le monde contemporain nous pousse à regarder vers l'avenir. »[1]

Nietzsche entrevoit au cœur de l'Europe des bouleversements immenses, des guerres, des révolutions en tous genres, pour la simple et bonne raison qu'étant profondément divisée, tant dans les opinions, dans les passions ou dans son système politique national, que de cette gabegie ne peut sortir, selon lui, qu'une excitation des volontés qui débouchera nécessairement sur de la violence. Violence tant guerrière qu'intellectuelle d'ailleurs, puisque la barbarie, que Nietzsche voit venir, devra s'exprimer au travers de la chose politique, et donc, autant au niveau extérieur (guerre), qu'au niveau intérieur (idées, triomphe de la plèbe : révolution).

---

[1] NIETZSCHE, Friedrich. « La volonté de puissance II », éditions Gallimard, collection Tel, 1995, Mesnil-sur-l'Estrée, 2006, page 290

> « *Extérieurement* : un âge de guerres immenses, de bouleversements, d'explosions. *Intérieurement* : faiblesse croissante des hommes, les événements servant d'excitants. »[1]

Ce salmigondis, cette image bigarrée qu'offre l'Europe du temps de Nietzsche, fait que la barbarie peut de nouveau prendre le pas sur la civilisation, elle qui n'est, au fond, « qu'une mince pellicule au dessus d'un chaos brûlant »[2]. Tout ce qui constitue l'esprit, en Europe de cette fin de XIXème siècle, est en crise (ce que Husserl constatera aussi plus tard avec son célèbre livre *Krisis*) : « la baisse de la vie religieuse, les luttes nationales ; la science fragmentaire et dissolvante, le règne méprisable du plaisir et de l'argent dans les classes cultivées, leur absence de vie affective et de grandeur »[3], or, chaque crise est un état qui débouche sur des convulsions terribles, avant qu'enfin elle ne cesse, fixant ensuite pour la civilisation des traits durables. Nietzsche s'interroge sur les traits et sur les caractères qui sortiront de cet état de crise qu'il constate, mais avant que ceux-ci ne se découvrent, il est certain, pour lui, qu'un siècle de barbarie va commencer.

[1] Ibid, page 298
[2] Ibid, page 292
[3] Ibid, page 70!

1 – La guerre

Le développement de la science en Europe, loin d'être un signe de civilisation pour Nietzsche, peut au contraire aider à la destruction de la civilisation. Car la science, en elle-même, n'est qu'un instrument ; un instrument qui, s'il n'est pas mis au service d'un sens, d'un objectif supérieur, peut très bien servir la barbarie, même s'il est la conséquence, paradoxalement, d'une civilisation intelligente. C'est ce que Nietzsche pressent lorsqu'il écrit :

> « Un siècle de barbarie commence, et les sciences seront à son service ! »[1]

Nous savons à quel point, hélas, le XXème siècle donnera raison à cette intuition. C'est, par exemple, à travers l'utilisation de la technique à des fins barbares que les contemporains justifient la singularité du génocide des juifs durant la seconde guerre mondiale par rapport aux autres massacres qui jalonnent l'Histoire. C'est le génocide *selon une méthode scientifique* qui choque d'autant plus. De même, la première et la deuxième guerre mondiale s'illustrèrent tragiquement par l'usage de la technique meurtrière, au point que l'homme, enseveli sous des orages d'acier, pour paraphraser Jünger, en viendra à contempler l'absurde, à voir nue une barbarie dont le progrès, au lieu de l'éradiquer, n'aura justement fait que renforcer les effets destructeurs. Paul Valéry ira jusqu'à dire que désormais, à cause du pouvoir mortel de la technique, les civilisations savent qu'elles sont mortelles.

---

[1] NIETZSCHE, Friedrich. « La volonté de puissance II », éditions Gallimard, collection Tel, 1995, Mesnil-sur-l'Estrée, 2006, page 70

Toute cette puissance barbare et matérielle trouvera sa plus funeste expression à Hiroshima, lorsque sera définitivement prouvé que toute civilisation peut disparaitre par l'effet de ce que la science peut élaborer de plus complexe et de plus génial. De là, également, toute la réflexion d'un Albert Camus à la sortie de la seconde guerre mondiale, c'est à dire la constatation amère que la science, si elle est l'heuristique d'une civilisation supérieure, peut aussi être son fossoyeur le plus efficace. L'originalité est que Nietzsche fut sans doute l'un des premiers à ressentir cette possibilité, à un moment où, avec le positivisme, avec la pensée du « progrès », l'ensemble de ses contemporains ne faisaient que s'enthousiasmer pour la science et la technique, heureux des bienfaits qu'elle permettait, aveugles des malheurs qu'elle annonçait.

> « L'état de l'Europe au siècle prochain nécessitera de nouveau la sélection des vertus viriles, car on vivra dans un danger perpétuel. »[1]

Parce que l'Europe vit, précisément, un moment de nihilisme, c'est-à-dire qu'elle doute, s'interroge, et, turbide et angoissée, se *cherche un sens*, cette agitation est précisément le terreau physiologique et psychologique d'un état de guerre permanent. De même, puisque la vieille Europe est en train de mourir, comme le pressentait Metternich lorsqu'il écrit sur le tard : « Ma pensée la plus secrète est que la vieille Europe est arrivée au commencement de la fin. Résolu à périr avec elle, je ferai tout mon devoir. D'autre part l'Europe nouvelle est encore en plein avenir ;

---

[1] NIETZSCHE, Friedrich. « La volonté de puissance II », éditions Gallimard, collection Tel, 1995, Mesnil-sur-l'Estrée, 2006, page 292

entre la fin et le commencement il y a une place pour le chaos. »[1], il faut nécessairement que l'accouchement, la transition vers la nouvelle Europe, se fasse dans le sang. Et ce sang, l'Europe est prête à le faire couler, quels que soient ses prétextes invoqués pour ce faire : et en effet, le premier prétexte que le nihilisme trouva fut le nationalisme.

Nietzsche sent bien que son époque est malade des nationalismes qui peuvent ensanglanter l'Europe. En effet, au moment où il écrit, les nationalismes se développent et prennent un caractère belliqueux extrêmement développés : né avec la Révolution française, le nationalisme est d'abord un vecteur pour la France de ses idées révolutionnaires ; mais, en réaction, les autres nations européennes vont développer chacune leur propre nationalisme (le nationalisme allemand est né, avec Fichte, au moment de la domination napoléonienne, en *réaction*) phénomène qui ne fera que s'endurcir, s'approfondir et se propager en Europe durant tout le courant du XIXème siècle : au moment où Nietzsche écrit, le nationalisme, comme sentiment et comme idée politique, en est presque à son apogée en Europe. L'Allemagne s'est unifiée sous l'égide de la Prusse, et l'idée du pangermanisme commence à se sentir avec prégnance ; quant à la France, elle ne rêve alors que de revanche – pour laver la bataille de Sedan en 1870 – et ne regarde fixement, obstinément, que vers la fameuse ligne bleue des Vosges selon l'expression poétique de Barrès. De ces nationalismes agressifs, Nietzsche sent bien qu'il ne peut en sortir que des guerres.

---

[1]http://books.google.fr/books?id=cIEZAAAAIAAJ&dq=Metternich&q=la+vieille+europe#search_anchor

Il est d'ailleurs frappant de constater à quel point Nietzsche appréhende à l'avance les deux guerres mondiales qui vont suivre au siècle suivant le sien. Il voit l'une d'origine purement nationaliste, et il voit l'autre aux origines plus sociales et idéologiques.

> « Dès maintenant, les forces se groupent, on s'exerce au grand principe de la parenté de la race et du sang. Les « *nationalités* » sont un concept beaucoup plus subtil que celui de la race ; au fond c'est une découverte de la science que l'on *incorpore* à présent au *sentiment* ; les *guerres* ont pour fonction de nous enseigner ces notions, et elles s'acquitteront de cette tâche. Puis viendront les *guerres sociales* qui nous incorporeront d'autres concepts. »[1]

Nous le voyons avec cet extrait, Nietzsche semble pressentir que les guerres commenceront *d'abord* sous le prétexte du nationalisme, et galvanisées par lui, avant de trouver d'autres causes dans des concepts nouveaux, dont celui de la *guerre sociale*. Que peuvent être ces concepts nouveaux, capables de déclencher des guerres ? Nietzsche y répond également :

> « Le temps approche où il faudra lutter pour la domination de la terre, et cette lutte sera menée au nom de *principes philosophiques* »[2]

Cette prévision des guerres qui se mèneront au nom de principes philosophiques est stupéfiante. De la deuxième

---

[1] NIETZSCHE, Friedrich. « La volonté de puissance II », éditions Gallimard, collection Tel, 1995, Mesnil-sur-l'Estrée, 2006, page 292
[2] Ibid, page 292

guerre mondiale à l'ensemble de la guerre froide, c'est exactement ce qui eut lieu en Europe et dans le monde. Car que fut, finalement, la seconde guerre mondiale, sinon une grande bataille idéologique (philosophies qui, transformées en politiques, deviennent des *idéologies*), entre le national-socialisme, le communisme et le libéralisme ? Contrairement à la première guerre mondiale, qui n'est qu'une guerre de nationalismes, elle est aussi une guerre idéologique, une guerre d'idées, de vision du monde, pour, précisément, la domination du monde. Des trois philosophies qui participèrent à ce conflit, le national-socialisme fut écrasé ; mais deux survécurent et se firent ensuite la guerre (même si elle fut larvée et non directe) pendant plus de quarante ans : le libéralisme démocratique de l'Ouest contre le communisme de l'Est. Que fut, également, cette guerre froide, sinon précisément une guerre menée au nom de principes philosophiques ?

Comme nous le voyons, Nietzsche a prévu, en quelque sorte, les guerres qui arrivèrent au XXème siècle, et ce jusqu'à leur nature.

2 – L'avènement du socialisme

> « L'Histoire de l'Europe depuis les temps de l'Empire romain est celle d'une révolte des esclaves. »[1]

Nietzsche estime, dans sa *Généalogie de la morale*, qu'un ressentiment d'esclaves cherche à s'exprimer depuis l'antiquité. A chaque fois, celui-ci trouve une doctrine, une religion, une idée ou une politique pour se matérialiser, et à chaque fois, il se dissimule derrière de grands mots comme « vérité », « justice » ou « amour », alors qu'il n'est qu'un instinct de vengeance contre les aristocrates, les meilleurs, les heureux. C'est cet instinct de vengeance qui explique jusqu'à Socrate d'après Nietzsche, car le philosophe athénien, en inventant la dialectique et en subordonnant tout à la Raison, offre ainsi un moyen aux plus basses couches de la population de dominer leurs maitres, maitres qui, par instinct de domination, ne cherchent pas à justifier ni leur supériorité ni leur existence. La Raison, à la portée de tout le monde, se transforme facilement en expédient contre la puissance. Elle n'est, en fait, qu'un outil de vengeance qui peut se draper dans des concepts vides de sens et surtout vides de vie. Mais c'est avec le christianisme que ce mouvement de vengeance trouve sa plus *terrible* et sa plus *belle* expression : avec le christianisme, l'inversion des valeurs a littéralement lieu, et là où un aristocrate de l'antiquité jugeait que le « bien » était parmi les forts, les beaux, les orgueilleux, les dominateurs et les guerriers, la doctrine chré-

---

[1] NIETZSCHE, Friedrich. « La volonté de puissance II », éditions Gallimard, collection Tel, 1995, Mesnil-sur-l'Estrée, 2006, page 256

tienne vint légitimer l'absolu contraire : désormais, le « bien », ce qui finira « à la droite de Dieu », c'est la faiblesse, l'humilité, la laideur, la pauvreté, la compassion et le pacifisme.

Pour Nietzsche, le christianisme a ainsi corrompu toute l'échelle des valeurs européennes qui provenait de la noble antiquité, et a obligé l'Europe à vivre sans cesse dans une sorte de schizophrénie, laquelle a fini par la rendre malade, malade de devoir composer avec des instincts forts et dominateurs et des idées mêlées de croyances qui, dans le même temps, jettent l'opprobre contre ces mêmes instincts, en faisant toujours la part belle à ce que les sociétés comportent de plus vil et de plus médiocre.

Cette expression de la révolte des esclaves et de leur ressentiment, dans les temps modernes, n'est plus véhiculée par le christianisme. Désormais, c'était au tour des doctrines sociales de les porter avec brio et tenter de subvertir les sociétés afin que règnent les instincts grégaires et médiocres de l'homme de la plèbe.

Or Nietzsche sent bien que ce socialisme, succédané sécularisé du christianisme, qui se drape, comme déjà le socratisme, sous l'égide de la Raison (et jusqu'à la Raison scientifique pour Marx !), allait vaincre, allait bouleverser l'Europe :

> « Les guerres sont pour le moment les plus forts stimulants de l'imagination, maintenant que les extases et les terreurs du christianisme ont perdu leur vertu. La Révolution sociale sera peut-être un

> événement plus grand encore ; c'est pourquoi elle viendra. »[1]

En somme, si toute l'Histoire de l'Europe se résume à une grande révolte des esclaves, il faut bien que celle-ci trouve son aboutissement : celui-ci pourrait peut-être s'accomplir à travers le socialisme. En effet, s'il triomphait, il en serait fini de l'excellence et de la hiérarchie qu'elle suppose ; il en serait fini de tout esprit un tant soi peu aristocratique, et ce au bénéfice d'une grande masse aux besoins réduits à l'utilitaire, aux instincts grégaires, aux appétences médiocres et aux aspirations prosaïques.

> « Le socialisme – tyrannie extrême des médiocres et des sots, c'est-à-dire des esprits superficiels, des jaloux, de ceux qui sont aux trois quarts des comédiens – »[2]

Mais Nietzsche craint particulièrement cette grande révolte des esclaves qui prend le nom de Révolution sociale. Non pas que Nietzsche soit un capitaliste – ces notions économiques lui sont étrangères, et son mépris pour l'eudémonisme social se partage aisément avec son mépris pour l'argent, comme le prouvent des aphorismes très violents à l'égard du capital dans *La volonté de puissance* –, mais si les couches inférieures devaient vaincre grâce au socialisme, l'Europe rentrerait alors dans une grande époque vulgaire et médiocre qui précipiterait sa fin, comme un aboutissement du nihilisme. Or, l'état des

[1] NIETZSCHE, Friedrich. « La volonté de puissance II », éditions Gallimard, collection Tel, 1995, Mesnil-sur-l'Estrée, 2006, page 292
[2] NIETZSCHE, Friedrich. « La volonté de puissance I », éditions Gallimard, collection Tel, 1995, Mesnil-sur-l'Estrée, 2002, page 211

sociétés européennes prédispose grandement à cette révolution :

> « La propriété, le profit, la patrie, la classe et le rang, les tribunaux, la police, l'Etat, l'Eglise, l'instruction, l'art, l'institution militaire : autant d'obstacles au bonheur, d'erreurs, de pièges, d'œuvres diaboliques dont l'Evangile annonce la condamnation. Tout cela caractéristique de la doctrine socialiste.
>
> A l'arrière-plan, l'émeute, l'explosion d'un ressentiment accumulé contre les maitres, le sentiment instinctif de tout le bonheur qu'il y a simplement à se sentir libre après une si longue oppression... (Le plus souvent symptôme du fait que les couches inférieures sont trop humainement traitées, qu'elles ont eu un avant-goût d'un bonheur interdit... Ce n'est pas la faim qui fait les révolutions, c'est le peuple à qui l'appétit vient *en mangeant*.)[1]

Ce n'est pas que Nietzsche déconsidère à ce point les classes inférieures qu'il souhaite les laisser dans une grande misère, mais c'est qu'il juge que :

> « Les idéaux d'eudémonisme social font *rétrograder* l'humanité ; ils ont peut-être pour but d'obtenir une *variété très utile* de travailleurs, ils inventent *l'esclave idéal de l'avenir*, la caste inférieure et indispensable. »[2]

---

[1] NIETZSCHE, Friedrich. « La volonté de puissance I », éditions Gallimard, collection Tel, 1995, Mesnil-sur-l'Estrée, 2002, page 210

[2] NIETZSCHE, Friedrich. « La volonté de puissance II », éditions Gallimard, collection Tel, 1995, Mesnil-sur-l'Estrée, 2006, page 368

Et donc que le socialisme ne peut produire que des esclaves en puissance.

On sait maintenant dans quelles sociétés totalitaires s'enfermèrent chaque pays qui connurent une « Révolution socialiste ». Les sociétés communistes soviétique, comme la chinoise, la cambodgienne, etc., furent en effet des sociétés où, effectivement et comme l'avait pressenti Nietzsche, l'être humain fut réduit à n'être qu'un instrument dans la collectivité, un expédient pour l'Etat, un robot, un travailleur mécanisé, prêt à être broyé. Nietzsche a donc littéralement vu la barbarie socialiste qui allait surgir XXème siècle.

3 – À la recherche des barbares

A certains moments, Nietzsche, paradoxalement, semble souhaiter que des barbares surviennent et chamboulent l'Europe, apportant à la fois le socialisme et la guerre.

Pourquoi ? C'est que l'Europe, arrivée à un niveau de nihilisme important, *doit sombrer dans le chaos afin qu'elle puisse renaître.* Ainsi, c'est cet état de violence qui pourrait permettre une nouvelle sélection d'hommes forts capables de déterminer de nouveaux sens, de nouvelles valeurs, et d'instaurer une nouvelle aristocratie qui régnerait sur la civilisation européenne. Avant cette sélection, il faut donc que les barbares se montrent et opèrent. Ces barbares, Nietzsche les imagine sous deux visages, et, étonnamment, l'Histoire les unira en une seule entité.

> « Pour parvenir à cette *construction* à partir du chaos, il faut y être *contraint* ; il faut qu'il n'y ait qu'une alternative : périr ou *s'imposer*. Une race dominatrice ne peut se dégager que de commencements terribles et violents. Où sont les barbares du XXème siècle ? Voilà le problème.
>
> Evidemment ce n'est qu'après de prodigieuses crises socialistes qu'on les verra émerger et s'établir solidement ; on le reconnaitra à ce qu'ils seront capables de la *plus grande dureté envers eux-mêmes* et donneront la garantie du *plus durable vouloir*. »[1]

Nietzsche semble ainsi appeler les barbares, voire même *en appeler aux barbares,* pour sauver la civilisation. Il n'est pas difficile de comparer ces sauveurs barbares avec les nationaux-socialistes qui prirent le pouvoir en Allemagne en 1933 : nés en réaction au communisme, notamment en URSS (les « prodigieuses crises socialistes »), ils se caractérisent par la dureté, et par des volontés fixes et pérennes (le « Reich de mille ans »). N'oublions pas non plus que les nationaux-socialistes utilisèrent à plusieurs reprises le qualificatif de « nouveaux barbares » pour se définir, reprenant à leur compte la dénomination de leurs ancêtres germaniques fantasmés venus régénérer l'empire romain décadent.

Cependant et en général, le barbare semble être pour Nietzsche celui contre qui l'Europe devra s'armer, et ce barbare est évidemment socialiste :

---

[1] Ibid, page 298

> « Toutefois le socialisme peut jouer de façon utile et salutaire son rôle de taupe subversive dans une société adonnée à la bêtise ; il retarde l'avènement de la « paix sur la terre » et de la débonnaireté absolue de la bête de troupeau démocratique ; il oblige l'Européen à garder de l'esprit, c'est-à-dire de la ruse et de la prudence, à ne pas abjurer toutes ses vertus viriles et martiales et à conserver un reste d'esprit, de clarté, de sécheresse et de froideur intellectuelles : il protège provisoirement du *marasmus feminінus* menaçant. »[1]

Il est frappant de comparer ces intuitions avec ce qui se passera par la suite au XXème siècle : l'URSS, représentant le socialisme, fera planer une menace terrible sur le continent, et, que ce soit avec les allemands du IIIème Reich ou, après 1945, les américains de l'OTAN, les Européens seront forcés de regarder vers l'Est avec méfiance, et de se soucier particulièrement des questions militaires pour se protéger.

Mais ce qui est très surprenant, c'est que lorsque Nietzsche parle des barbares qui pourraient éventuellement menacer l'Europe afin de la régénérer, il parle d'eux comme potentiellement des socialistes, ou potentiellement, des russes (!) :

> « [Je souhaite] une telle aggravation de la menace russe qu'elle contraigne enfin l'Europe à devenir tout aussi menaçante, à se forger sa *propre volonté*, par le moyen d'une nouvelle caste régnant sur l'Europe, une volonté redoutable et à longue portée

[1] NIETZSCHE, Friedrich. « La volonté de puissance I », éditions Gallimard, collection Tel, 1995, Mesnil-sur-l'Estrée, 2002, page 212

> capable de fixer des buts pour des millénaires. Ainsi l'Europe en finirait une bonne fois avec la comédie trop prolongée de sa division en petits Etats et de ses velléités divergentes, dynastiques ou démocratiques. Le temps de la petite politique est passé : le siècle prochain déjà apportera la lutte pour la domination universelle – l'*obligation* d'une grande politique. »[1]

Comme nous le savons, l'Histoire fera en sorte que la menace socialiste et la menace russe soient réunies dans une seule entité qui s'appellera l'Union Soviétique.

Pour Nietzsche, ce sont ces menaces terribles pour l'Europe qui pourront peut-être, in fine, permettre qu'une nouvelle Europe naisse.

B) L'Europe de Nietzsche

Nietzsche ne fait pas que constater et décrire ce que l'Europe de son époque est. Il n'essaie pas non plus de seulement deviner quel va être son avenir ; non : il dépasse largement le seul cadre de la philosophie pour se muer en prophète. En raison de ce qu'il sait sur l'Europe et sur ce qu'il pressent pour son devenir, Nietzsche écrit également ce qu'il souhaite pour l'Europe nouvelle, c'est à dire sur celle qu'il veut voir naitre. Il est d'ailleurs parfois difficile de véritablement distinguer dans ses aphorismes

---

1 NIETZSCHE, Friedrich. « Par delà bien et mal », éditions Gallimard, collection Folio essais, 1971, Mesnil-sur-l'Estrée, 2008, page 127

prophétiques ce qui appartient à son souhait et ce qui appartient à de la pure prévision.

> « Grâce à la liberté des communications, *des groupe d'hommes de même nature* pourront se réunir et fonder des communautés. Les *nations* seront *dépassées.* »[1]

Nietzche se doute que les nations seront dépassées, et ce au profit de cadre civilisationnel, comme l'Europe, et que cela sera favorable au phénomène qu'il souhaite ardemment, c'est-à-dire la construction d'une nouvelle aristocratie régnant au dessus des masses et sur une Europe raffermie et unie dans une volonté ferme d'exister et de se dépasser.

Voyons donc ici ce détonnant mélange entre ses prophéties et ses désirs pour l'avenir de l'Europe.

1 – L'Europe unie

Nietzsche semble certain que l'Europe s'unira un beau jour, et qu'il faut en tous cas tout faire pour que ceci s'accomplisse. Ce point, s'il ne parait pas très original à nous qui connaissons l'unification européenne depuis 1957, est cependant digne d'être relevé chez un auteur de la seconde moitié du XIXème siècle, siècle dans lequel, comme nous l'avons vu, ce sont plutôt les velléités nationalistes qui dominent, et donc en conséquence tout ce qui

---

[1] NIETZSCHE, Friedrich. « La volonté de puissance II », éditions Gallimard, collection Tel, 1995, Mesnil-sur-l'Estrée, 2006, page 296

peut bien séparer les nations européennes, comme par exemple les nombreux discours sur des civilisations nationales, au détriment, donc, de l'idée de la « civilisation européenne », tel le discours sur la « civilisation française », que l'on entend chez Maurras, ou la « civilisation germanique », tant prisé par le romantisme allemand.

Cette idée de l'unification européenne préfigure chez Nietzsche deux phénomènes historiques qui apparaitront au XXème siècle : à la fois l'unification européenne tentée par Hitler durant la seconde guerre mondiale, unification, s'il en fut, sous les bottes allemandes, unification donc avortée ; puis, celle initiée par la construction européenne, celle de Monet et Schuman (et de CIA), qui prendra le nom d'Union Européenne, et qui effectivement commencera à dépasser les nations pour établir, au moins, des règles communes.

Outre l'idéal que représente pour Nietzsche cette unification européenne, il a conscience que celle-ci sera moins le fait d'idéalisme que de calculs purs et simples car Nietzsche, ayant attentivement lu le Mémorial de Sainte-Hélène de Napoléon, a assimilé l'une des conclusions de l'Empereur lorsque celui-ci écrivait que sa défaite (entendons : celle de l'Europe) avait laissé deux géants au berceau : la Russie et les Etats-Unis, et que, par conséquent, l'Europe devra nécessairement s'unir afin de pouvoir faire face aux nouvelles exigences de la politique et de l'économie.

> « (...) les petits Etats d'Europe, je veux dire tous nos Etats et tous nos « Empires » actuels, vont devenir intenables, économiquement, vu les exigences souveraines des grandes relations interna-

> tionales et du grand commerce qui réclament l'extension suprême, des échanges universels, un commerce mondial. (L'argent à lui seul obligera l'Europe, tôt ou tard, à se coaguler en une seule masse.) »[1]

Non seulement l'Europe va se trouver dans l'obligation absolue d'un jour ou l'autre s'unir (et Nietzsche prévoit jusqu'à sa monnaie ! – ce qui, pour nous qui connaissons l'Euro, est stupéfiant), mais elle possède, en réalité, en son for intérieur et malgré les fièvres nationalistes, le désir profond de s'unir. Par la grâce d'atavisme historiques et de longue mémoire, les Européens garderaient en eux le souvenir de la paix romaine, et toutes les *volontés d'Europe* qui apparurent si régulièrement dans l'Histoire, de Charlemagne, en passant par Charles Quint, jusqu'à Napoléon, ne seraient en fait que les expressions de ces inconscients baignant tous, depuis le début, dans une seule et même civilisation : l'Europe.

> « L'aversion maladive, le fossé que la folie nationaliste a créés et crée encore entre les peuples européens, les politiciens au regard myope et aux décisions promptes qui se sont élevés à la faveur de cette aversion et qui ne soupçonnent pas à quel point leur politique de division constitue simplement un intermède, tous ces facteurs et bien d'autres dont il n'est pas encore possible de parler aujourd'hui font qu'on ne veut pas voir ou qu'on interprète arbitrairement et mensongèrement les signes indubitables où se manifeste *le désir d'unité*

[1] NIETZSCHE, Friedrich. « La volonté de puissance II », éditions Gallimard, collection Tel, 1995, Mesnil-sur-l'Estrée, 2006, page 293

> *de l'Europe*. Tous les hommes vastes et profonds de ce siècle aspirèrent au fond, dans le secret travail de leur âme, à préparer cette synthèse nouvelle et voulurent incarner, par anticipation, l'Européen de l'avenir : les « patries » ne furent pour eux qu'un prétexte et ils ne leur appartinrent qu'aux heures de faiblesse, par exemple dans leur vieillesse ; devenir des « patriotes » n'a été pour eux qu'une manière de se reposer d'eux-mêmes. Je songe à des hommes comme Napoléon, Goethe, Beethoven, Stendhal, Heinrich Haine, Schopenhauer ; qu'on ne m'en veuille pas si je joins à leurs noms celui de Richard Wagner (...) »[1]

Car en vérité pour Nietzsche, l'appétence à l'Europe provient surtout d'une élite intellectuelle, voire politique (qui peut se concrétiser dans des hommes comme Napoléon), élite qui, par la grandeur des œuvres qu'elle crée (tant artistiques que philosophiques, littéraires etc.), ne peut s'ouvrir qu'à l'Europe entière, de sorte à ce qu'une œuvre, pour en être *une* véritable, possède nécessairement en elle un caractère universel, un potentiel qui ne peut se limiter à sa seule patrie d'origine, sans quoi elle serait grégaire, tribale et, au fond, médiocre. Nietzsche constate déjà qu'une unité intellectuelle façonne en quelque sorte l'Europe, c'est-à-dire que les grands esprits, les esprits éclairés (ceux qu'il nomme les *bons Européens*) se côtoient déjà assez pour faire vivre une sorte de solidarité intellectuelle qui se passe volontiers des carcans nationaux, comme ce fut, d'une manière générale, toujours le

---

1 NIETZSCHE, Friedrich. « Par delà bien et mal », éditions Gallimard, collection Folio essais, 1971, Mesnil-sur-l'Estrée, 2008, page 177

cas en Europe, par exemple au moment de l'humanisme, où un Erasme prenait logiquement un visage européen ; ou au XVIIème siècle, où un Descartes, pourtant sujet du Roy de France, voyageait dans toute l'Europe avant d'écrire en Hollande et d'aller instruire Catherine de Suède, ou encore dans le siècle des Lumières, avec un Voltaire, logeant naturellement à Sans-soucis, conversant des heures avec le grand Frédéric de Prusse.

> « Les folies nationales ne doivent pas dissimuler le fait *qu'à un niveau supérieur il existe dès maintenant une solidarité intellectuelle constante.* La France et la philosophie allemande. Richard Wagner et Paris (1830-1850) (...) » [1]

Tel qu'il a été dit précédemment, c'est toujours *dans et par* des individus supérieurs que Nietzsche constate la réalisation de la synthèse européenne, conçue comme civilisation. Il ne considère que rarement le peuple, en qui il ne voit souvent et par nature qu'instincts et désirs grossiers.

Ce devenir de l'Europe – l'Europe unifiée – devra et pourra s'accomplir, paradoxalement, en réaction à la décadence et à la barbarie.

---

[1] NIETZSCHE, Friedrich. « La volonté de puissance II », éditions Gallimard, collection Tel, 1995, Mesnil-sur-l'Estrée, 2006, page 296

2 – L'Europe : fruit de la réaction contre le nihilisme

En plein cœur d'une époque que Nietzsche voit toujours plus s'enfoncer dans le nihilisme, une époque décadente et perdue, turbide et en recherche de sens car peinant à se trouver de nouvelles valeurs fortes alors que son Dieu chrétien agonise, le philosophe parvient à voir des signes de renouveau et de grandeur nouvelle, pouvant surgir du sein même de l'objet dégénéré, en réaction, à l'image du vers célèbre d'Hölderlin (poète que Nietzsche estimait beaucoup) : « Là où le péril croît, croît aussi ce qui sauve. ».

Le XIXème siècle a deux visages pour Nietzsche, l'un décadent, donc chaotique, et l'autre encore *potentiellement* créateur et fort. Le premier ne promet pour l'avenir que du bouddhisme, du socialisme et de la médiocrité, mais l'autre possède encore en lui un potentiel de puissance conséquent. D'une certaine manière, Nietzsche vit en lui-même cette antinomie, ce double visage, cette idiosyncrasie partagée entre décadence et abondance de vie et de force, entre sentiments et ressentis de la plèbe et instincts supérieurs de l'aristocratie. Etant malade, valétudinaire et très souvent grabataire, Nietzsche sait à quel point sa complexion était symptomatique d'une décadence physiologique ; or, dans sa pensée, la dégénérescence physique est absolument liée à la décadence des idées, celles-ci n'étant que les conséquences de sa santé, de son potentiel et de sa force. Ce corps chétif, Nietzsche le compare à l'état de l'Europe, qui lui aussi est désormais malade. Toutefois, Nietzsche, ne cédant pas pour autant aux idées qui devaient pourtant découler de son état maladif (c'est-à-dire dans son esprit toutes les idées de la faiblesse : christianisme, démocratie, socialisme etc.), suppose que *l'expérimentation de la faiblesse*, dans la lucidité, peut produire une réaction contre elle ; qu'elle peut produire l'inverse de ce qu'elle suppose et recherche, et, par le truchement de cette réaction lucide, une nouvelle surabondance de force est ainsi possible. Pour parvenir à un tel retournement, il faut préconiser des remèdes intelligents :

> « Indépendamment du fait que je suis un décadent, j'en suis également tout le contraire. La preuve, entre autres, en est pour moi que, contre les malaises, j'ai toujours choisi des remèdes indiqués, alors que le décadent véritable choisit toujours des remèdes qui lui font du mal. »[1]

Avec une forte réaction de la volonté contre la décadence de son être, Nietzsche sauve son esprit contre l'esprit de pesanteur que cette même décadence fait planer comme une menace contre tous les esprits qui, au lieu de se préconiser des remèdes forts, inverses, prennent des remèdes qui sont eux-aussi les produits de cette décadence. Pour Nietzsche, il doit en être ainsi de l'Europe.

Parmi ces remèdes, Nietzsche considère par exemple que le militarisme peut maintenir un état de force, une obligation de vertus viriles au sein de la civilisation européenne, et ainsi la préserver de tout pacifisme aux valeurs émol-

---

[1] NIETZSCHE, Friedrich. « L'antéchrist *suivi de* Ecce Homo », éditions Gallimard, collection Folio essais, 1990, La Flèche, 2002, page 101

lientes, lequel la précipiterait dans une médiocrité et une torpeur décadente.

> « Le *maintien de l'Etat militaire* est l'ultime moyen, soit de *continuer* la *grande tradition*, soit de la maintenir par rapport au type *supérieur* de l'homme, au *type fort*. »[1]

Il y a comme une ambiguïté chez Nietzsche, qui frôle presque la contradiction si l'on n'y regarde pas de plus près : en effet, le nationalisme, que Nietzche conspue, est pourtant le garant de cette animosité, de cet *état de guerre*, qu'il considère pourtant d'un œil favorable :

> « *Je suis heureux* du développement militaire de l'Europe et aussi de son anarchie intérieure ; l'âge du calme et de l'immobilité chinoise, annoncé par Galiani pour ce siècle, est passé. La valeur personnelle et *virile*, l'aptitude physique retrouvent de l'estime, les évaluations deviennent plus concrètes, l'alimentation plus carnée. Il pourra de nouveau y avoir de beaux types virils. »[2]

Comment expliquer cela ? C'est que Nietzsche sait, même s'il le dénonce, que le nationalisme va produire des guerres qui, si elles seront déplorables d'un point de vue politique et humain (parce que divisant inutilement et bêtement l'Europe), produiront toutefois une force nouvelle, une aptitude à la virilité, une reconsidération du corps, qui seules pourront donner à l'Europe un type

---

[1] NIETZSCHE, Friedrich. « La volonté de puissance II », éditions Gallimard, collection Tel, 1995, Mesnil-sur-l'Estrée, 2006, page 116
[2] NIETZSCHE, Friedrich. « La volonté de puissance II », éditions Gallimard, collection Tel, 1995, Mesnil-sur-l'Estrée, 2006, page 291

d'hommes capable de la faire renaître. C'est pourquoi Nietzsche n'hésite pas à souhaiter la guerre, quelle qu'en soit la cause :

> « *Le vingtième siècle.* – L'abbé Galiani dit quelque part : « La prévoyance est la cause des guerres actuelles de l'Europe. Si l'on voulait se donner la peine de ne rien prévoir, tout le monde serait tranquille, et je ne crois pas qu'on serait plus malheureux parce qu'on ne ferait pas la guerre. » Comme je ne partage absolument pas les vues anti-belliqueuses de mon défunt ami Galiani, je ne crains pas de prévoir certaines choses et de susciter peut-être par là des causes de guerres. »[1]

Ces guerres peuvent conjurer la décadence que Nietzsche sent sinon irréversible au sein de l'Europe, même si, paradoxalement, elles seront d'abord la conséquence de cette décadence, de ce nihilisme et de ce désordre européen.

Cet état d'anarchie, Nietzsche le méprise tout autant qu'il s'en réjouit, car, arrivée à un certain point, l'Europe doit *expérimenter à fond* le nihilisme et le chaos afin qu'elle puisse se régénérer par elle-même.

> « Nous entrons dans une époque d'anarchie, mais c'est aussi l'époque des individus les plus intelligents et les plus libres. Infiniment de force spiri-

---

[1] Ibid, page 291

> tuelle en action. Siècle du génie, jusqu'à présent retardé par les mœurs, la morale, etc. »[1]

Ainsi, cet état d'anarchie, non seulement produira une remise en cause des mœurs et de la morale qui entrainent la décadence (le christianisme par exemple, qui ne pourra pas survivrc à de grandes guerres mécanisées et absurdes), mais, de plus, fortifiera grandement certains individus, au point de pouvoir à nouveau concevoir une aristocratie.

Nietzsche en vient même, finalement, à se féliciter de la puissance des sentiments démocratiques au sein du peuple, car ceux-ci, en même temps qu'ils engendreront une grande masse plébéienne, maintiendront aussi une élite qui répugnera à ces instincts démocratiques.

> « L'aspect de l'Européen présent me donne de grandes espérances : il se forme là une race audacieuse et dominatrice, établie sur la large base d'un troupeau extrêmement intelligent. »[2]

Cette grande race audacieuse aura donc également comme génitrice la décadence, qui développe en elle des éléments contraires, comme la grandeur d'une nouvelle aristocratie.

> « Principe : il y a de la décadence dans tout ce qui signale l'homme moderne ; mais à côté de la maladie se montrent des symptômes de force vierge et de puissance de l'âme. *Les mêmes raisons qui cau-*

[1] NIETZSCHE, Friedrich. « La volonté de puissance II », éditions Gallimard, collection Tel, 1995, Mesnil-sur-l'Estrée, 2006, page 301!
" !Ibid, page 299!

sent l'amenuisement de l'homme haussent jusqu'à la grandeur les âmes plus fortes et plus rares. »[1]

3 – La sélection des nouveaux surhommes européens

« (...) je viens de toucher à ce qui me tient à *cœur*, au « problème européen » tel que je l'entends, à la sélection d'une caste nouvelle appelée à dominer l'Europe. »[2]

Ce qui importe le plus à Nietzsche, au fond, c'est de trouver, de *sélectionner* et d'éduquer une nouvelle aristocratie qui doit prendre en main le destin futur de la civilisation européenne.

Il faut bien comprendre que toute la pensée du *dionysiaque*, comme il aimait s'appeler lui-même, ne s'adresse qu'à un petit nombre d'hommes, car il juge que toute sa philosophie ne pourra jamais être vraiment comprise, et encore moins adoptée, par l'ensemble du troupeau humain.

D'un cynisme assumé, Nietzsche considère que la masse ne peut pas accéder à la grandeur, et que, par conséquent, il ne faut la respecter et la protéger que dans la mesure où elle permet la conservation de l'espèce, et qu'elle est tou-

---

#!Ibid, page 110!

2 NIETZSCHE, Friedrich. « Par delà bien et mal », éditions Gallimard, collection Folio essais, 1971, Mesnil-sur-l'Estrée, 2008, page 171

jours, bon an mal an, le seul terreau possible pour l'apparition d'un type élevé d'humanité. Car tout le *social* n'est pour Nietzsche qu'un moyen pour la création de grands hommes, qui seuls font honneur à l'humanité, qui seuls peuvent créer de grandes œuvres, qu'elles soient artistiques, philosophiques ou politiques. Or, une civilisation ne se juge que dans son capital de grandes œuvres, et c'est pourquoi un législateur et un philosophe ne peuvent vouloir souhaiter qu'une organisation sociale permettant au mieux, précisément, l'éclosion de celles-ci.

Pour l'Europe, Nietzsche est à la recherche d'un type élevé et souhaite une sélection, tout en annonçant, tel un prophète, une nouvelle élite aristocratique qui pourrait s'élever au dessus du marasme de la plèbe, laquelle ne fut jamais aussi prompte à vouloir prendre le pouvoir et imposer ses instincts grégaires à l'humanité.

Tout l'objectif de Nietzsche – son *but* pourrait se résumer par cet aphorisme issu de la Volonté de puissance :

> « Il se forme une classe d'esclave : veillons à ce qu'il se forme aussi une noblesse. »[1]

L'apparition de cette noblesse, comme nous l'avons vu, est rendue possible par la même décadence qui cherche aussi à faire triompher les instincts vils du ressentiment et à détruire tous les types supérieurs. Mais une noblesse est avant tout combative, et, paradoxalement, les conditions les plus défavorables, l'adversité la plus puissante,

---

[1] NIETZSCHE, Friedrich. « La volonté de puissance II », éditions Gallimard, collection Tel, 1995, Mesnil-sur-l'Estrée, 2006, page 364

ne peuvent dès lors que la promouvoir et la permettre d'autant plus.

Cette élite nouvelle, Nietzsche l'annonce dans son livre le plus singulier et peut-être le plus connu : *Ainsi parlait Zarathoustra*, livre dans lequel apparait la figure du *surhumain.* Cette aristocratie, devant régner sur l'Europe, est censée avoir comme éducateur et comme maître le prophète Zarathoustra. Qui est ce surhumain que Nietzsche annonce et souhaite pour l'humanité ? Il n'est pas une certitude scientifique, à l'instar d'une vision évolutive, darwinienne, de l'homme (car Nietzsche, aussi étonnant que cela puisse paraître, s'oppose à Darwin sur un point crucial : pour lui, ce ne sont pas les forts qui arrivent le plus souvent à survivre, mais bien au contraire les plus faibles, qui savent mieux s'économiser. Savoir s'adapter à son environnement n'est en aucun cas un gage de force et de supériorité existentielle, sans quoi il faudrait considérer un virus comme un type accompli et supérieur de la nature). Il n'est pas davantage un objet de foi, un dogme péremptoire. C'est plutôt une question posée à l'homme, mais une question qui ne peut raisonner que chez un tout petit nombre, lesquels constitueront alors cette élite : « l'homme n'existe que pour être dépassé. Qu'avez-vous fait pour le dépasser ? »[1]

Le visage du surhumain doit être fixé par les trois thèmes fondamentaux de sa prédication : le sens de la Terre, la philosophie héroïque et l'Éternel retour.

Par sens de la Terre, Nietzsche entend un homme qui ne se fixera plus des idéaux transcendantaux trouvant leur

---

[1] NIETZSCHE, Friedrich. « Ainsi parlait Zarathoustra », éditions GF-Flammarion, 1996, Manchecourt, 1996, page 48

accomplissement dans l'au-delà, mais qui, au contraire, favorisera le corps, la vie terrestre, dans une volonté puissante de sublimation de celle-ci. C'est pourquoi ce corps devra être créateur, considérant que l'existence est elle-même sa propre fin. Par philosophie héroïque, Nietzsche entend une existence guidée par des valeurs d'excellence, éloignée de toutes pensées eudémonistes, ou de recherches de calme, de douillet, dont les « idées anglaises », les « idées modernes » de libéralisme et d'utilitarisme sont les figures emblématiques. Par la pensée de l'Eternel retour enfin, Nietzsche entend une pensée qui fera échapper l'homme au nihilisme ambiant, et ce par une pensée qui le rattachera à quelque chose de plus grand que lui, qui fera qu'il se sente éternel. Une pensée qui devra lui faire ressentir que, même s'il n'est qu'une poussière dans l'univers, un moment de l'existence qui semble a priori absurde, il participe néanmoins à l'Eternité et à l'infini. Ce surhomme devra aussi s'assigner des buts supérieurs, et l'Europe peut être l'un de ces buts.

> « « J'ai pour la première fois réuni en moi le juste, le héros, le poète, le savant, le devin, le chef ; j'ai étendu ma voûte au-dessus des peuples, j'ai dressé des colonnes sur lesquelles repose un ciel – assez fortes pour porter un ciel. » (Voilà comment parlera le Surhumain.) »[1]

Ce message adressé aux potentiels surhumains doit éduquer ceux-ci afin qu'ils constituent, pour l'Europe de l'avenir, une aristocratie nouvelle. Au sein d'une Europe

[1]NIETZSCHE, Friedrich. « La volonté de puissance II », éditions Gallimard, collection Tel, 1995, Mesnil-sur-l'Estrée, 2006, page 457.

unie, régénérée par un siècle de barbarie et sauvée, *in extremis*, des mouvements et des idées apportant avec eux la médiocrité et la décadence, cette nouvelle caste d'élite, intellectuels, guerriers, politiques – qu'importe ! Pour peu qu'ils visent chacun l'excellence dans le sens de la civilisation européenne – pourra dominer et réaliser par là les grands desseins qui seuls font seuls honneur à l'humanité.

Telle est l'Europe, dans son idée, souhaitée par Nietzsche.

Conclusion

L'héritage européen de Nietzsche

Nietzsche meurt en 1900, à l'entrée du siècle qu'il aura prédit et qui verra tour à tour l'effondrement de l'Europe puis une renaissance timide sous des augures nouveaux d'unification. Toutefois, l'Union Européenne, pusillanime et quasi exclusivement portée aux questions économiques, n'est surement pas celle que Nietzsche appelait de ses vœux. Exista-t-il au XXème siècle des héritiers de la pensée nietzschéenne, des *bons Européens* qui tentèrent d'accomplir les prophéties et les volontés de leur maître ? Nietzsche dit dans *Ecce Homo* que son œuvre ne serait comprise que dans un siècle. Pourtant, dès la fin du XIXème siècle, notamment à Paris, des cénacles d'intellectuels, autour des symbolistes, de Mallarmé et de Jules de Gaultier, se mettent à partager sa pensée. Puis, subitement, avant la première guerre mondiale, le feu prend d'un coup : il se diffuse partout les idées nietzschéennes, mais des idées essentiellement taillées au couteau, ne gardant d'elles que les formules puissantes qui les résument grossièrement. Ainsi, nous verrons en Allemagne impériale de nombreux soldats partir au front avec *Ainsi parlait Zarathoustra* dans leur besace, avec l'idée que la guerre allait régénérer la civilisation industrielle qui s'aliénait. *Une bonne guerre sanctifie toutes causes* est-il écrit dans Zarathoustra, et il est vrai que la première guerre mondiale n'eut pas besoin de cause sérieuse pour embraser le monde.

Parmi les rares véritables héritiers de Nietzsche du XXème siècle, il semble que deux peuvent être distingués : le français Pierre Drieu la Rochelle et l'allemand Ernst Jünger. Les deux sont des nietzschéens, au sens qu'ils ont lu le philosophe dionysiaque et se sont souvent réclamés de lui. Les deux sont des hommes d'action en plus d'être des écrivains. Ce sont des guerriers qui dépassèrent leur patriotisme grégaire des débuts pour embrasser un rêve européen.

Drieu la Rochelle se rallie au IIIe Reich pendant la seconde guerre mondiale. Il estime alors qu'il en est fini de la France souveraine et grandiose, et que l'avenir est à l'unité du continent en face de l'ennemi russo-communiste et de l'anglo-saxon démocrate et capitaliste. Drieu est obsédé par la décadence de son pays et voit dans le national-socialisme une doctrine capable de donner à l'humanité un type nouveau d'hommes supérieurs, guerriers, volontaires, héroïques, à la jeunesse débordante de vie. Drieu incarne donc ce nietzschéisme qui se chevilla au nazisme allemand, et plus généralement aux mouvements fascistes d'Europe. Il faut se rappeler, à cet égard, que Mussolini était un grand lecteur de Nietzsche et qu'Hitler lui fit un jour en cadeau la collection complète de ses œuvres. Ce serait mentir que de clamer, comme beaucoup le font aujourd'hui, que Nietzsche n'a rien à voir avec le fascisme et a été simplement la victime de mésinterprétations et de falsifications de la part de sa sœur, laquelle devint une amie du führer Adolf Hitler.

Il y a en effet dans la philosophie nietzschéenne et dans l'Europe qu'il souhaite voir émerger de nombreuses références possibles pour un fascisme/nazisme qui aurait à cœur d'avoir une volonté tendue pour mille ans, qui chercherait sans remord à extirper la faiblesse de la société, qui mépriserait l'intellectualité et la Raison des lumières au nom du corps, de la biologie et de la vitalité, et qui assumerait en plein jour une volonté de puissance libérée de la culpabilisation chrétienne. Ce nietzschéisme nazi est parfaitement incarné par la figure de Drieu la Rochelle.

Toutefois, s'il y a une figure qui pourrait incarner encore davantage la philosophie nietzschéenne, c'est celle de l'allemand Ernst Jünger, et ce pour une raison simple : l'ajout d'une hauteur aristocratique à la pensée et au comportement. Le noble auteur du roman de guerre *Orages d'acier* est un héros de la première guerre mondiale. S'il se rapproche d'abord des nationaux-socialistes, c'est pour mieux s'en éloigner après quelques années, écrivant notamment *Sur les falaises de marbre* en 1939 pour critiquer la barbarie et la grossièreté nazies. Hitler n'osa rien faire à son encontre, tant sa réputation d'Allemand exemplaire était grande. Jünger est un aristocrate européen, quasiment le surhomme nietzschéen. C'est l'homme qui a des amis dans toute l'Europe, et particulièrement dans cette France cultivée que Nietzsche aimait tant. A Paris, il fraye en effet avec Jouhandeau, de Fabre-Luce, Montherlant, Cocteau, Morand, etc. C'est un guerrier bardé de médailles. C'est un écrivain, un voyageur, un artiste. Il plaide pour une unification européenne au nom de la grande culture. S'il devait y avoir un héritier incarné à la pensée nietzschéenne, ce serait bien lui.

Depuis ces deux figures en revanche, il est difficile d'en trouver d'autres qui seraient liées à la construction européenne. Sans doute à cause de la mauvaise réputation qu'eut Nietzsche à la sortie de la seconde guerre mondiale, et surtout à cause de son mépris absolu pour toutes les valeurs démocratiques, égalitaristes et mercantiles sur lesquelles s'est précisément construit l'Union Européenne. Nulle trace, en effet, dans cette fabrication, de références à la « civilisation européenne », ou à la « grande culture », encore moins à une volonté de puissance particulière. Cette Union Européenne semble s'être construite à l'inverse de celle qu'aurait souhaité Nietzsche. Or, il se trouve que cette Europe ne marche pas et tarde à accomplir les promesses qu'elle portait en elle. Peut-être serait-il, dès lors, pertinent de relire un des philosophes qui fut parmi les plus radicalement partisans de ce continent et de sa civilisation.

BIBLIOGRAPHIE

NIETZSCHE, Friedrich. « La volonté de puissance I », éditions Gallimard, collection Tel, 1995, Mesnil-sur-l'Estrée, 2002.

NIETZSCHE, Friedrich. « La volonté de puissance II », éditions Gallimard, collection Tel, 1995, Mesnil-sur-l'Estrée, 2006.

NIETZSCHE, Friedrich. « Crépuscule des idoles », éditions Gallimard, collection Folio essais, 1974, La Flèche, 2002.

NIETZSCHE, Friedrich. « Par delà bien et mal », éditions Gallimard, collection Folio essais, 1971, Mesnil-sur-l'Estrée, 2008.

NIETZSCHE, Friedrich. « Généalogie de la morale », éditions Gallimard, collection Folio Essais, 1971, La Flèche, 2002.

NIETZSCHE, Friedrich. « Le cas Wagner », éditions Gallimard, collection Folio essais, 1974, Saint-Armand, 2004.

NIETZSCHE, Friedrich. « Lettres choisies », éditions Gallimard, collection Folio classique, 1986, Saint-Armand, 2008.

NIETZSCHE, Friedrich. « L'antéchrist *suivi de* Ecce Homo », éditions Gallimard, collection Folio essais, 1990, La Flèche, 2002.

NIETZSCHE, Friedrich. « Ainsi parlait Zarathoustra », éditions GF-Flammarion, 1996, Manchecourt, 1996.

NIETZSCHE, Friedrich. « Le gai savoir », éditions Gallimard, collection Folio essais, 1982, Saint-Armand, 2004.

NIETZSCHE, Friedrich. « La naissance de la tragédie », éditions Le livre de poche, collection Classiques de la philosophie, 1994, Sant Llorenç d'Hortons (Espagne), 2008.

LANGBEHN, Julius, « L'ALLEMAGNE, ARISTOCRATIE DU MONDE », 1891) (édition originale, très mauvais état).

Article :

DE BENOIST, Alain. « Ernst Jünger – Pierre Drieu La Rochelle », http://www.alaindebenoist.com/pdf/junger_-_drieu_la_rochelle.pdf, consulté le 20 mai 2010.

Site internet :

http://books.google.fr/books?id=cIEZAAAAIAAJ&dq=Metternich&q=la+vieille+europe#search_anchor, consulté le 12 mai 2010.

TABLE

II. L'avenir de l'Europe